프레디 머큐리

보헤미안 랩소디를 외친 퀸의 심장을 엿보다

미르북
컴퍼니

일러두기

1. 음반명은 《 》, 곡명은 〈 〉, 서적과 잡지는 『 』, 신문기사 및 영화나 행사 등은 「 」로 표기하였다.
2. 옮긴이 주는 [ ]로 표기하였다.
3. 원어는 맨 처음 언급될 때만 병기하였다.

"나는 록 스타가 되지 않을 것이다.
나는 전설이 될 것이다!"

I won't be a rock star. I will be a legend!

Introduction

우리 곁에 영원할 프레디를 그리워하며

오후 8시 런던 소호에 있는 편집실에 앉아, 프레디 머큐리의 악명 높은 1985년 뮌헨 생일 파티 영상을 본다[전설적인 「라이브 에이드」 무대에 오르고 2달 후. 모든 참석자가 여장을 했고, 프레디가 새로운 싱글의 홍보 비디오로 쓰려고 전 과정을 촬영했다]. 내 우상에 관련된 새 다큐멘터리를 연출하니 나야말로 행운의 사나이다.

필름이 워낙 생생해서 파티장에 있는 기분이 든다. 샴페인을 마시면서 음악을 듣고 비닐 옷 냄새를 맡는 것 같다. 디스코볼과 자외선 조명 아래, 흥겨움, 가죽, 드러낸 엉덩이, 콧수염, 스트리퍼, 마녀 복장의 브라이언 메이…… 그들 사이에 프레디가 있다. 그가 즐거운지 아닌지 가늠하기 어렵다. 요리사들이 댄스플로어로 삼단 케이크를 가져오고, 생일 주인공은 서른아홉 개의 초를 끄라고 채근 받는다. 그는 약간 머쓱해 하면서 초 몇 개를 끄고 구석자리로 돌아가고, 밤 내내 사람들과 떨어져 거기 있다.

이 사람이 「록 인 리오Rock in Rio」 페스티벌에서 35만 팬 앞에서 여자 옷을 입고 〈아이 원트 투 브레이크 프리I Want To Break Free〉를 공연한 인물이다. 로열 발레단이 거꾸로 든 상태에서 〈보헤미안 랩소디Bohemian Rhapsody〉를 부른 사람. 전 세계가 지켜보는 「라이브 에이드Live Aid」[생방송으로 10억 명이 시청했다]에서 "쇼를 훔쳤다"는 극찬을 받은 사람. 그런

데 자기 파티에서 관심의 대상이 되자 우물쭈물하는 눈치다.

프레디 머큐리는 자신을 극단적인 사람이라고 말했다. 무대에서 그는 난공불락이었고, 파렌하이트 씨Mr.Fahrenheit였다[7집 《재즈》의 수록곡 〈돈 스톱 미 나우〉의 가사로, 이후 열정적인 프레디를 일컫는 별명이 되었다]. 하지만 무대 밖에서는 수줍고 위트 넘치고, 가까운 이들이 입 모아 최고의 친구라고 말하는 인물이었다.

프레디 머큐리는 '위대한 연기자(the Great Pretender)'다[프레디의 솔로 싱글 제목으로 "내가 연기를 너무나 잘해서, 내가 외로운 줄 아무도 모르죠"라고 노래했다].

이 파티 영상이 프레디의 '방탕한' 사생활을 언급할 때 자주 사용되지만, 이것은 진짜 프레디의 사생활이 아니었다. 그가 세상이 믿기 바랐던 사생활 모습일 뿐이다. 그는 사람들이 믿도록 이미지와 인물상을 각색하고 싶었다.

프레디의 사생활은 전혀 달랐다. 물론 광적이다 싶은 밤 외출도 했고, 주저 없이 모든 면에서 과도하다고 스스로도 인정했다. 하지만 프레디는 발레, 오페라, 뮤지컬 공연의 관람도 즐겼다. 일본 미술품과 비단잉어를 수집했다. 성실한 대부였고, 집을 떠나면 고양이들에게 전화했다. 단어 맞추기

게임을 했고 가장 좋아하는 텔레비전 프로그램은 「카운트다운[영국 채널4 방송의 게임쇼]」이었다.

이 파티가 중요한 것은 이런 부류의 마지막 행사였다는 사실이다. 이로써 프레디는 지난 5년간의 생활방식과 결별했다. 프레디는 마흔이 다 되었고 세계가 에이즈를 의식하게 되었으니 환경이 달라져야 했다.

1979년에서 1985년까지 퀸Queen이 유럽 최고 밴드에서 세계 최고 밴드로 성장하자, 프레디는 성가신 영국 언론의 눈을 피해 뉴욕과 뮌헨을 오가며 살아야 자기답게 지낼 수 있었다. 이 시기에 프레디는 첫 솔로 앨범 《미스터 배드 가이Mr. Bad Guy》를 녹음했는데, CBS에서 거액의 선금을 받았지만 앨범은 큰 반향을 얻지 못하고 영국 차트 6위, 미국 차트 159위에 그쳤다. CBS 사장 월터 예트니코프는 자신이 체결한 최악의 음반 계약이었다고 했다.

뮌헨 파티 후 프레디는 익숙한 곳인 '퀸'과 '런던'으로 돌아갔다. 1986년 꿈꾸던 저택[켄싱턴의 '가든 롯지']으로 이사했고, 퀸은 《어 카인드 오브 매직A Kind of Magic》을 만들어서 6년 만의 첫 영국 1위 앨범에 올렸다. 이어서 「매직 투어The Magic Tour」를 시작해 전 공연 매진이라는 대기록을 세우고 넵워스 파크Knebworth Park 추가 공연으로 마무리했다[이 책의 한국어판 표지 사진이 「매직 투어」의 런던 웸블리 스타디움 공연의 모습이다].

이듬해 밴드는 다시 장기 휴식을 결정했지만 이미 프레디는 새로운 일을 하고 싶었다. 40대에 접어들었으니 인생에서 도전을 원했다. 첫 솔로 앨범의 성적에 실망하지 않고 (그의 표현에 따르면) "그저 그런 노래들이 아니라, 주목할 일"을 만들기로 작정했다. 뮤지컬을 쓰려고 궁리하다가 〈더 그레이트 프리텐더The Great Pretender〉로 시작하는 리메이크 앨범 녹음을 기획했다. 하지만 이 일은 세계 최고 오페라 디바의 전화를 받으면서 물거품이 되었다.

6년 전으로 돌아가 보면…… 프레디와 개인 비서인 피터 '피비' 프리스톤은 코번트 가든의 로열오페라하우스에서 파바로티가 출연한 베르디의 「가면무도회Un Ballo In Maschera」를 관람 중이다. 프레디는 파바로티의 목소리를 사랑했고 제어력에 감탄했다. 그런데 메조소프라노가 등장하면서 프레디는 완전히 반해버렸다. 입이 딱 벌어졌고, 피터에게 고개를 돌리고 "방금 세상에서 가장 아름다운 목소리를 들었어"라고 말했다. 몇 년 후 퀸과 바르셀로나에서 투어 공연을 할 때, 프레디는 텔레비전 인터뷰에서 가장 좋아하는 가수가 누구냐는 질문을 받자 환하게 웃으며 대답했다. "믿지 않으시겠지만 몽세라 카바예Montserrat Caballé[스페인의 국보급 오페라 디바]입니다…… 정말 최고지요!"

몽세라는 이 소식을 듣고 프레디를 바르셀로나에서 만나고 초대했다. 그녀는 노래 한 곡이 아니라 앨범 전체를 녹음하는 데 동의했다. 프레디는 물 만난 고기 같았다. 히로인과 작업하면서 음악적 기교를 새로운 영역까지 확장시켰다. 감정적으로는 오랜 남자친구 짐 허튼Jim Hutton과 드디어 행복을 얻었다. 짐은 이제 가든 롯지Garden Lodge로 이사했다. 프레디가 후천성 면역결핍임을 안 것만 빼면 (에이즈 환자였다) 그보다 좋을 수 없는 삶이었다. 얼마나 살지 몰랐지만, 몽세라와 작업 중인 앨범이 마지막이 될 수 있음을 알았고 최고의 걸작으로 만들 작정이었다.

비평가들의 호평을 받은 싱글《바르셀로나Barcelona》는 백만 장 이상 판매되었고, 1992년 바르셀로나 올림픽 대회의 지정곡이 되었다. 프레디는 퀸의 스튜디오로 돌아가 연달아 앨범 두 장을 더 녹음했다.《더 미러클The Miracle》과《이뉴엔도Innuendo》를 완성한 후 세 번째 앨범《메이드 인 헤븐Made In Heaven》의 일부를 녹음했고, 밴드는 이 앨범을 1995년에 발표했다. 프레디는 '영원할' 위대한 음악을 만들겠다는 결심으로 어느 때보다 창의력을 발휘했다.

프레디는 죽기 열흘 전 밴드 매니저 짐 비치와 만나 유산을 어떻게 정리할지 의논했다. 그는 평소 성격대로 가벼운 농담으로 진심을 전했다. "내 이미지, 내 음악을 엿장수 맘대로 해도 좋아요. 리믹스하든 재판매하든 다 좋은데, 날 지루하게 만들지만 말아요."

짐 비치와 남은 퀸 멤버들은 약속을 지켰다. 2012년《바르셀로나》발매 25주년을 기념하기 위해 앨범 전체를 "당시 프레디가 배짱이 있었다면" 했을 방식으로 재녹음한 것이다. 80개의 키보드 대신 80인조 오케스트라를 동원해 이미 뛰어난 음반을 완전히 새로운 최고 수준으로 끌어올렸다. 도발적이고 의기양양하게, 감성적이고 화려하게.

지금도 프레디 머큐리는 그의 음악을 듣거나 비디오와 콘서트 영상을 보는 모든 이의 심장과 머리와 귀를 사로잡는다. 그는 인터뷰를 질색했지만, 적당한 사람이 (믿을 만한 사람이) 질문하면 마음을 열었고 겸손하고 재미나게, 매력적으로 응했다. 그에게 인생은 살라고 있는 것이었다. 인생은 재미나게 살라고 있는 것이었다. "내일은 개뿔. 바로 오늘이야!"

죽은 지 20년이 지났지만 프레디 머큐리는 여전히 살아 있다. 새로운 세대의 뮤지션들과 팬들에게 영향을 미치고 깨달음을 준다. 그는 언제나 독보적일 것이다. 언제나 최고일 테고 절대, 결코 지루하지 않을 것이다.
이제 울고 싶어진다.

라이스 토머스
런던, 2012년 5월

Freddie Mercury

"한 인간의 여린 그림자가 보이네"

I see a little silhouetto of a man

새 밀레니엄에 접어든 지 6개월, 아직 새로운 기분이 감돌던 때 런던 지하철역에 대형 광고판이 등장했다. '에그Egg'라는 온라인 투자사의 광고인데, 이상하게도 퀸의 〈보헤미안 랩소디〉의 가사 일부가 광고카피다.

> "한 남자의 작은 그림자가 보이네 *I see a little silhouetto of a man*
> 겁쟁아 겁쟁아 *Scaramouche scaramouche*
> 바보짓을 할 거야 *Will you do the fandango*
> 천둥과 번개 *Thunderbolt and lightning*
> 너무너무 두려워 *Very very frightening me*
> 갈릴레오 갈릴레오 갈릴레오 갈릴레오 갈릴레오 피가로
> *Galileo Galileo Galileo Galileo Galileo Figaro*"

하지만 꾸물거리는 보행자에게 '이 노래를 부르지 마세요!'라고 지시한 더 큰 빨간 글씨가 눈에 선하다. 책에 나오는 오래된 놀림(뭔가 하지 말라는 말은 결국 해보라고 부추기는 결과를 낳지!)에 사로잡히고 그때 시선이 결정적인 문구에 닿는다. "자신을 컨트롤 못 할지라도 투자는 컨트롤할 수 있습니다." 성공.

그 광고는 기본적인 호기심을 자극하면서 최신 유행의 온라인 광고 기법을 충실히 따른 것에 불과했지만, 그래도 이 콘셉트를 생각해낸 카피라이터는 상당한 급여를 거머쥘 자격이 있었다. 더 찬찬히 살피면 광고는 다른 면으로도 기발했으니까. 먼저 나를 (지하철을 싫어하고, 광고에 유혹당하는 것은 더 싫어하는 사람을) '웃게' 만들었으니까. 더구나 출근 시간대에 런던 지하철 노던 라인LU Northern Line의 혼잡한 플랫폼에서. (노래하지 말라는 문구를 읽을 즈음 이미 내 머릿속에서는 가사가 춤을 추고 있었던 것이다.)

둘째, 광고는 '생각하게' 만들었다. 비록 광고 제작자들의 의도대로 생각한 건 아니었지만. (아무리 똑똑하고 설득력이 있어도, 날 온라인이든 아니든 투자를 생각하게 만들지 못한다. 그것도 아침 러시아워에 노던 라인에서.) 나를 생각하게 만든 것은 바로 '특출한 노래 선택'이었다. 심플하고 세련된 인테리어의 광고 회사 사무실에서, 프레디 머큐리가 그 가사를 쓸 때 아기였을 꽁지머리 청년이 콘셉트에 딱 맞는 가사를 대체 어떻게 찾아냈을까? 어쩌면 이 콘셉트는 전달할 수단이 이 곡밖에 없는데. 그것도 곡 전체가 아니라 〈보헤미안 랩소디〉라는 대단한 곡의 일부뿐이다. 하지만 그 일부가 일단 들으면 (이 경우에는 '보면') 지우려 해도 계속 머리에 남는다.

나는 일반적인 '팝송 가사'들을 떠올려 보았다. 다른 대중문화와 달리 팝송 가사는 노력하지 않고도 머리에 자리 잡는 능력이 있는 듯했다. 개인의 의식이 아닌 집단 (대중)의 의식을 차지할 줄 알았다. 특히나 이 곡은 영미권이나 유럽뿐 아니라 전 세계 대중의 의식이 되는 능력을 발휘했다. 그러자 내 생각은 일반 팝송에서 〈보헤미안 랩소디〉라는 특정한 팝송으로 넘어갔다(물론 어떤 수준에서 이 곡은 전통적인 개념의 팝송과 아주 다르긴 하다).

처음 든 생각은 개인적인 경험이었다. 〈보헤미안 랩소디〉는 1975년 처음 들은 순간부터 내 의식 속에 깊게 자리 잡았지만 좋아하는 노래는 아니었다. 솔직히 펑크[1960년대 중반 생겨난 대중음악 장르로, 타악기와 베이스 기타로 이뤄지는 반복적 리듬감을 중시한다]가 밀려나기 시작한 1976/77년 이후로 오래도록, 내게 퀸은 원수의 화신이었고 나는 그 곡을 싫어했다. 거창하고 정신 사납고, 허세 심하고 과장된 서사로 보였다. 더 거창하고 정신 사납고 허세 심한 프로그레시브 록(이하 프로그 록)[록에 클래식, 재즈 등 다양한 장르를 접목해서 복잡하고 화려한 화성을 만들어낸다]처럼 이 곡은 내 팝 인생에서 혐오로 정의한 것들 자체였다. (물론 그 까마득한 펑크 시대 이후 난 머리가 깨였다. 이제 〈보헤미안 랩소디〉를 인정하는 '잘난 체하는 아이러니' 시기를 거쳐, 광기 넘치는 천재적 가사와 편곡 및 오페라적 과장에 고개 숙인다. 프로그 록에 대한 반감은 여전히 남아 있지만.)

오발Oval에서 소호Soho까지 올라가면서 계속 〈보헤미안 랩소디〉의 특이성과 광고 매개체로서의 특징들을 생각했다. 이제 생각은 '머리에 박혀 지워지지 않는' 가사에 집중되었다. 어느 팝송 가사가 이런 능력을 발휘할까? 이렇게 집단적이고 문화권과 세대를 아우를 울림을 줄 수 있는 팝송이 또 있을까? 어디 보자…… 존 레논John Lennon의 〈이매진Imagine〉? 흠, 우선 그 노래의 가

파로크 불사라, 1947.

사를 본 순간 나나 동반자나 지친 런던 지하철 승객들이 절로 미소 짓지는 않을 것이다. 자기도 모르게 속으로 흥얼대지도 않을 테고. 밥 딜런Bob Dylan의 〈라이크 어 롤링 스톤Like A Rolling Stone〉이라면? 역시 아니다. 그러기에는 너무 전문적이고 희귀하고 지적으로 버거운 노래다. 레드 제플린Led Zeppelin의 〈스테어웨이 투 헤븐Stairway To Heaven〉은? 대단히 서사적이되 암호 같은 1970년대식 대표곡이고 〈보헤미안 랩소디〉처럼 한동안 창작자에게 짐이 될 만큼 훌륭한 곡이긴 하다. 그래도 비교가 안 된다. 헤비메탈 팬들에게만 알려졌고 청중의 폭이 너무 좁다. 그렇다면 프랭크 시내트라Frank Sinatra의 〈마이 웨이My Way〉는? 아니지.

너무 느리고 촌스럽고 곡 분위기가 어울리지 않는다.

계속 이런 식으로 나를 포함해 대중과 예리한 광고 카피라이터에게 어필할 만한 히트곡을 간추려 보았다. 머릿속으로 비틀스The Beatles의 곡들을 훑고 스톤스The Stones의 최고 히트곡들을 떠올렸다. 엘튼 존Elton John의 따라 부를 만한 곡들을 끝없이 흥얼댔다. 심지어 상대적으로 소소하지만 최근 인기 있는 오아시스Oasis 같은 그룹에도 관심을 돌렸고, 더 간절해져서 스파이스 걸스The Spice Girls까지 동원했다. 그런데도 대체할 곡이 없었다. 반드시 〈보헤미안 랩소디〉여야 했고 유일무이했다. 팝 음악에 작은 관심이라도 가졌다면 누구나 알지만, (아마도 고(故) 프

레디 머큐리를 제외하면) 아무도 이해한다고 자신하지 못할 곡.

이제 잠깐 생각해 보자. 어떤 노래가 전 세계 대중의 의식에 들어오고 동시에 개인의 논리나 본능이나 가사 이해력과 무관하게 굳건히 자리 잡으려면, 특별한 천재성이 작동해야 한다. 악마 같은 상상력. 마키아벨리적인(교활한) 팝 정신. 말하자면 헤비 록의 기본적인 역동성에 가벼운 오페라의 구조와 분위기를 결합하고, 다중녹음과 프로그 록의 기괴함까지 더하는 것이다. 이미 이렇게 진한 칵테일을 준비해 놓고, 가수까지 「길버트와 설리번Gilbert & Sullivan」[영국 빅토리아시대에 활동한 2인조 그룹으로, 뮤지컬의 전신인 오페레타를 다수 제작했다] 작품의 주인공처럼 오페라 톤을 흉내 내며 독특한 이야기를 전한다(영감을 주는 광적인 가사를 '이야기'라고 차분하게 표현할 수 있다면 말이다).

노래의 형식이 「길버트와 설리번」 오페라(존경받는 듀오가 정신성 약물을 복용하고 재잘대는 것)를 연상시킨다면, 내용은 더 구세대인 에드워드 리어Edward Lear [루이스 캐럴과 함께 넌센스의 작가로 불린다. 대표작은 『넌센스 시집』]나 루이스 캐럴Lewis Carroll [『이상한 나라의 앨리스』의 작가) 같은 영국 문학 기인들의 언어유희와 무의미한 구절에 가깝다. 그런 다음 사족이 더해져 거의 6분에 달하는 길이가 된다(원래 7분에서 편집해서 정확히 5분 52초). 척 베리Chuck Berry 시절부터 완벽한 팝송의 길이는 평균 3분 미만이 불문율이다. 이 곡은 기본적으로 준수되는 규칙과 함께 다른 불문율도 깼다. 음반이 총알처럼 팝차트 정상에 올라서 9주간 꼼짝 않고 자리를 지킨 것이다. 1957년 폴 앵카Paul Anka의 〈다이애나Diana〉 이후 최장 1위 기록이있다. 〈보헤미안 랩소:디〉는 그때니 지금이나 불가능의 승리를 상징한다. 불가능한데 실제 일어났고, 1위에 오른 1975년 11월 29일 운명의 날 이후 우린 그 불가능한 성공을 안고 이런저런 방식으로 산다.

이후 세대들은, 내키지 않는 음악팬들조차, 개인적이든 집단적이든 "겁쟁이"와 "바보짓"에 지배 당해 흥얼대고 노래하고 따라 부르고, 머릿속에서 지우려다가 결국 무릎 꿇는다고 해야 될 것이다. (지하철 광고를 제작한 영감이 풍부한 카피라이터는 본능적으로 이걸 간파했다.) 이후 밀레니엄 조사Millennium Poll의 음악 부문에서 전 시대의 영국 베스트 싱글로 선정되었다. 미국의 히트 코미디 「웨인즈 월드Wayne's World」에 쓰여서 최신 유행곡이 되기도 했다(대단한 행로다!). 또 라디오헤드Radiohead와 그 팬들은 인정하기 싫겠지만, 〈보헤미안 랩소디〉는 〈파라노이드 안드로이드Paranoid android〉의 원형이 되었다. 라디오헤드의 곡은 똑같이 야심차고 과장되고 길지만 진지한 컨템포러리 프로그 록 곡이다. (귀하고 감각적인 영혼들이니 가만히 속삭여 보길. 프레디의 대담한 대규모 프로젝트들을 떠받치는 유머 취향은 아니다.)

이처럼 〈보헤미안 랩소디〉의 유산은 놀랍고, 믿기 어렵게 창의적이고, 야심만만하다. 하지만 가장 확실한 한 가지는, 팝송들이 무한히 영향을 주고받은 역사에서 〈보헤미안 랩소디〉 같은 곡은 없었다는 것이다. 완전히 특이하고 독창적이다. 비교 대상이 없다. 창작자인 머큐리가 그렇듯이. (비록 그의 솔로 활동은 그다지 환영받지 못했지만) 우리가 '위대한' 프레디 머큐리를 칭송할 때는 바로 여기서 시작해야 한다. 〈보헤미안 랩소디〉가 머큐리와 관련된 영감 넘치고 과장되고 야심찬 모든 걸 보여주고 있기 때문이다. 그는 팝계에서 가장 신비하고 가장 '머큐리스러운mercurial['변덕스러운'. 머큐리(수성)는 쉴새없이 자리를 바꾸는 별로 유명하다]'

쇼맨이었다. (무대에서 연출하는 페르소나[가면을 쓴 인격. 특정한 인물상]부터 의상과 곡명까지 매사 신중히 선택했고, 예명을 고를 때도 마찬가지였다.) 퀸이 유명 인기 그룹이자 프로그 록 그룹에서 팝의 현상이 된 전환점이 이 곡이었다. 그 순간부터 퀸은 팝의 현상이 되었고 (매우 중요하나 자주 간과되는 점인데) 이전 30년간 취향과 유행의 비평적, 문화적 변화를 다 거부했다. 〈보헤미안 랩소디〉 이전의 퀸은 록에서는 드문 디테일과 보편성을 가지긴 했지만 여전히 일개 록 그룹이었다. 하지만 〈보헤미안 랩소디〉 이후의 퀸, 특히 프레디 머큐리는 전혀 다른 존재가 되었다. 거대하고 말릴 수 없는, 현상이라고 할 존재가.

이전에 밥 딜런의 〈서브터레이니언 홈시크 블루스Subterranean Homesick Blues〉와 비틀스의 〈스트로베리 필즈Strawberry Fields〉도 비슷한 시도를 하긴 했지만, 〈보헤미안 랩소디〉는 최초의 모던 팝 홍보용 뮤직비디오로도 꼽힌다. 걸출한 두 곡과 달리, 이 비디오는 노래 못지않게 많은 이들이 보고 이야기했다. 또 개성 넘치고 휘황찬란한 존재감을 발하는 프레디 머큐리가 유례없는 팡파레를 울리며 대중의 팝 의식 속에 들어왔다. 우린 프레디가 광적인 가사를 노래하는 소리만 들은 게 아니라 연기를 봤고, 이것이 흉내내지 못할 그만의 개성임을 곧 깨달았다. 그는 잔뜩 치장한 싱어송라이터답게 피아노 의자에 앉아 있고, 곧 리처드 3세 역의 올리비에 같은 실루엣이 보이더니 글램메탈 스타디움 밴드의 리더처럼 드라이아이스 구름에서 튀어나왔다. 그러면서 (중요한 부분!) 만화경 같은 그의 모습이 프리즘으로 반복되어 등장했다. 그 의도를 보자면! 서사적인 노래의 공간에서 프레디는 대대적인 쇼맨, 카멜레온, 환상곡 작곡가였다. 이것이 앞으로 펼쳐질 상황의 힌트에 불과하다는 걸 당시에는 몰랐다.

떠오르는 머큐리

팝 카멜레온인 프레디 머큐리의 본질을 알려면 파로크 불사라Farrokh Bulsara의 유년기를 간단히라도 살펴봐야 한다. 그는

1946년 9월 5일 보미Bomi와 제르Jer 불사라 사이에서 태어났다. 출생지인 잔지바르는 여행 책자에 이국적인 향신료의 섬으로 소개된 곳이다. (몽세라 카바예와 작업하면서 파로크라는 본명을 잠깐이라도 쓰지 않아 아쉽다. 오페라적인 이름이 됐을 텐데. 퀸(의) 프레디 vs. 킹 파로크!) 부모는 서인도제도 구자라트 출신으로 파시Parsee 신도였고, 따라서 조로아스터교를 신봉했다[페르시아(현이란)의 자라투스트라를 신봉하는 종교로, 선악을 뚜렷이 구별하는 이원적 세계관이 특징. 중동 지역이 이슬람화되자 인도로 건너간 조로아스터교도의 후손들이 파시다].

프레디 머큐리가 된 파로크 불사라는 잔지바르[동아프리카 탄자니아 해안의 섬으로 영국의 식민지였다] 태생이지만 확실한 인도인이었다. 일곱 살에 인도 봄베이 인근 세인트 피터 기숙학교로 건너가서 교육받았고[이곳에서 프레디로 불렸다], 영국에는 17세에야 도착했다. 그는 이국적인 태생을 강조하지 않았지만, 영국 최초이자 최고 인도인 팝스타로 기억되고 기념되어야 한다. (흥미롭게도 파시들은 페르시아에서 탈출한 지 천 년이 넘었지만 인도인보다 페르시아인을 자처한다. 프레디의 가족 역시 영국계 인도인이지만 파시로 자부했다. 국적과 뿌리 간의 미묘하지만 깊은 차이를 볼 수 있다.)

프레디의 쇼맨십의 씨가 뿌려진 곳은 인도였다. 이 책에 실린 초기 사진들에 스포츠맨(최고 만능선수이자 메달을 딴 선수)과 연기자(세인트 피터 기숙학교에서 공연하면서, 아마추어일 때조차 늘 무대 중앙에 섰다)의 모습이 담겨 있다. 이후에 학생들끼리 조직한 밴드 헥틱스The Hectics에서도 정중앙에 서서 포즈를 취한다. 그는 헥틱스에서 피아노를 연주했고 버디 할리Buddy Holly와 엘비스 프레슬리Elvis Presley 곡들을 섬세한 목소리로 노래했다. 1962년에는 학교 운동장에서 개츠비 스타일로, 새하얀 셔츠와 주름 잡힌 바지와 구두 차림에 선글라스를 쓴 채 웃고 있다. 하지만 가장 흥미로운 사진은 6년 후 대륙을 옮겨 찍은 것이다. 세련된 벨벳 모자를 쓴 긴 머리, 이제 앞머리를 넘기지 않았다. 청바지, 티셔츠, 맨발로 펜더 스트라토캐스터Fender Stratocaster 기타를 안고 지미 헨드릭스Jimi Hendrix처럼 포즈를 취한다. 세인트 피터 기숙학교와 헥틱스로부터 아주 멀리 온 사람처럼 아주 달라진 모습이다. 영국에서 세계로 나가는 관문인 히드로

Heathrow에서 멀지 않은 이 펠트햄Feltham의 소박한 거실에서도 더 먼 곳으로.

불사라 일가는 잔지바르에서 독립 운동이 거세지자 1964년에 영국으로 이주했다. 프레디는 청소년기에 다른 문화권으로 옮겨 갔지만 적응하는 데 큰 문제는 없었던 것 같다. 1966년 일링 아트 칼리지에 입학해, 더 후The Who의 피트 타운센드Pete Townshend와 페이시스The Faces 및 롤링스톤스The Rolling Stones의 기타리스트였던 론 우드Ron Wood의 후배로 1969년 그래픽아트와 디자인 부문 학위를 받고 졸업했다.

프레디가 미술을 공부한 3년간 팝계는 막대한 변화가 생겨서, 프레디 불사라는 세련된 켄싱턴의 임대 아파트에서 런던의 급성장하는 사이키델릭 대중문화에 빠져들었다. 그는 런던 히피들의 쇼핑 메카인 '바이바Biba'와 켄싱턴 마켓에서 쇼핑을 하고, 실크와 벨벳을 입어 우상인 지미 헨드릭스에게 경의를 표했다. 이후 새 친구 로저 테일러Roger Meddows Taylor와 켄싱턴 마켓에 점포 '카스바Kasbah'를 열어 에드워드시대의 실크 스카프, 모피코트, 이국적인 패브릭 및 프레디의 일링 아트 칼리지 친구들의 졸업 작품을 판매했다. 테일러는 『모조Mojo』[영국의 대중음악 잡지]와의 인터뷰에서 이렇게 말했다. "우린 프레디가 헨드릭스에 관해 쓴 논문까지 팔았습니다. 근사한 것들이 있었어요. 플래닛스케이프도 있었고 그가 쓴 〈써드 스톤 프롬 더 선Third stone from the Sun〉[지미 헨드릭스의 노래]의 가사도 있었죠⋯⋯." 테일러가 활동하던 밴드 퀸에 들어간 프레디는 "헨드릭스의 라이브 공연을 연속 9일간 봤지. 공연을 보고 또 봤어"라고 털어놓았다. 이때 프레디는 헨드릭스의 폭발적인 음악 못지않게 이미지에도 매료된 듯하다.

남아 있는 짧은 필름에 슬쩍 비치지만, 전성기 때 지미 헨드릭스의 무대 매너는 샤머니즘을 연상시킬 만큼 매혹적이다. 그는 극단extremes과 역설paradoxes의 영역을 다루었고 양성적이지만 강렬하게 관능적이었다. 약하면서도 폭발적으로 강력했고, 여성적인 실크 스카프와 앞에 벨벳이 달린 헐렁한 바지 차림으로 유령처럼 기타에 불을 내고 기타를 돌리고 찌르면서 성적 공세를 했다. 지미 헨드릭스는 영국 팝 청중은 물론, 공연에 몰린 아티스

> "상류층의 세련된 사람들도 매춘부가
> 될 수 있다고 말하려 했죠."

트들에게도 막대한 영향력을 행사했다. 불운한 사이키델릭 팝의 아바타인 브라이언 존스Brian Jones와 존 레논은 늘 무대 앞줄에 있었고, 젊고 어디로 튈지 모르는 애송이 록싱어 프레디 머큐리도 마찬가지였다.

하나의 비전! 누가 뭐래도 나답게

헨드릭스 스타일의 사진을 찍고 5년 후 프레디 머큐리(카멜레온 프레디, 이미 대단한 환상곡 작곡가 프레디!)가 내 삶에 처음 들어왔다. 그 시절 어리고 불안정한 북아일랜드 십대였던 나는 인생이 다른 데 있다고 믿었고, 팝이 아닌 록에 빠졌다. 팝은 스위트Sweet, 머드Mud, 데이빗 캐시디David Cassidy였다. 록은 강력한 레드 조플린, 락시 뮤직Roxy Music, 데이빗 보위David Bowie였고. 팝은 싱글이고 록은 앨범이었다. 팝은 「탑 오브 더 팝스Top of the Pops」에 나오는 지미 새빌Jimmy Saville이었다. 강력한 제플린은 출연하지 않았지만 보위나 록시가 출연했기 때문에 나는 이 프로그램을 종교처럼 시청했다. 록은 밥 해리스Bob Harris의 「디 올드 그레이 휘슬 테스트The Old Grey Whistle Test」였다. 보위와 락시를 비롯해 훨씬 이국적인 그룹들이 때로 놀랍게 정기적으로 출연했다.

내 기억이 맞다면 화요일 저녁마다 길 건너 이웃집에 달려가, 비교적 신생 채널인 BBC에서 「디 올드 그레이 휘슬 테스트」를 시청했다. 그런 화요일 밤 중 가장 생생하게 기억나는 것은, '속삭이는' 밥[프로그램 속 DJ 밥 해리스의 애칭이 '속삭이는 밥'이었다]의 '진짜 록'의 불꽃 지킴이 역할이었다. 그는 약간 둔한 학자처럼 밴드 가계

도, 앨범 역사, 기억나는 라이브 공연들에 대해 신성한 비밀이라도 털어놓듯 나직이 속삭였다. 어찌 보면 그게 밥의 진면목이었다. 이상한 만화를 이용해 신곡을 소개하는 방식도 기억난다(비디오가 만화제작자들을 따라잡기 이전이었다). 영국 전역의 록 팬들이 그 만화들의 애청자였다는 걸 나중에 알았다. 「휘슬 테스트」 팬들의 비밀 모임은 음악만큼이나 '속삭이는' 밥의 선문답과 기묘하고 추상적인 만화에 반했다. 1973년 어느 날 만화와 함께 퀸이라는 모르는 그룹의 곡이 나왔다. '속삭이는' 밥은 〈킵 유어셀프 얼라이브Keep yourself Alive〉[1973년 7월 13일 발매한 퀸의 첫 싱글의 타이틀곡]라고 심각하게 소개했다. 제목이 암시하듯 정신없게 빨랐지만 매끈했고, 다듬고 윤을 내서 작업한 느낌을 풍겼다. 지금 알 수 있듯 의도가 잘 드러나는 노래였다.

다음에 들은 퀸의 노래는 1974년 앨범 《퀸 II》의 〈세븐 시스 오브 라이Seven Seas of Rhye〉[프레디가 상상한 판타지 세계 '라이'에 대한 노래]였다. 어리둥절했다. 돌아보면 이유를 알 수 있다. 간단히 말해 다른 그룹의 노래 같았다. 한때 록 기자였고 컨템포러리 글램 팝 그룹 게이 대드Gay Dad의 리더로, 프레디도 인정했을 만한 클리프 존스Cliff Jones는 말했다. "프레디가 톨킨[『반지의 제왕』을 쓴 영국 작가]에 열중했음을 환기시키는 가사". 1999년 8월 퀸이 표지를 장식한 『모조』에는 이렇게 썼다. "《네버 마인드 더 볼록스Never Mind The Bollocks》[섹스 피스톨스의 1977년 앨범]에 수록된 어느 곡과 견주어도 이 곡이 두드러진다. 프레디는 검정 점프수트와 다이아몬드 박힌 장갑을 끼지만 이 곡은 기본적으로 펑크 트랙이다. 아주 빨리 연주되고 위대한 음반에 필요한 십대의 공격성이 깔려 있다. 퀸을 폼프−로커로 부르는 사람들은 무시하길! 어떤 유사 펑크 밴드도 좋아할 자들이니."

하지만 사실은 당시 퀸의 네 멤버들(프레디, 드러머 로저 테일러, 기타리스트 브라이언 메이Brian Harold May, 베이시스트 존 디콘John Richard Deacon)은 자신들이 원하는 게 뭔지 확신하지 못했고, 폼프에서 프로토-펑크까지 모든 음악을 건드리면서 가장 잘하고 어울리는 장르를 모색하는 듯했다. 물론 나중에 그들은 모든 위대한 팝 밴드들처럼, 자신들이 기존 장르에 맞지 않는 걸 알았다. 그걸 깨달은 것은 다음 싱글《킬러 퀸Killer Queen》무렵일 것이다. 퀸의 제대로 된 첫 음반이라고 말하고 싶다. 명확하고 뒤늦은 깨달음 덕에 고유의 특징을 갖게 된 싱글이다. (이런 용어가 존재하는지 몰라도) 미니 대결작인 〈킬러 퀸〉은 전작들보다 훨씬 다듬어지고 매끈하고 정돈되었다. 또 훨씬 야심만만했다. 프레디는 가사를 '하룻밤에' 썼다고 주장하지만, 음악적 구성이 복잡한 가사를 잘 아우르기에 상당히 공들인 노래로 들린다. 처음 내 관심을 끈 것은 가사로, 첫 네 구절에 분위기가 가장 잘 녹아 있다.

"그녀는 예쁜 찬장에 She keeps Moet et Chandon
고급 샴페인을 보관하지 In her pretty cabinet
그녀는 말하지, '그들에게 케이크를 먹여요'라고
'Let them eat cake,' she says
꼭 마리 앙트와네트처럼 Just like Marie Antoinette"

비슷한 시기에 믹 재거Mick Jagger와 브라이언 페리Bryan Ferry가 다른 방식으로 포시록posh-rock 가사를 썼지만, 〈킬러 퀸〉의 가사는 당시 로큰롤 곡의 통상적인 주제는 아니었다. 상류층 복장도착[이성의 옷을 입어서 성적 만족을 얻는 것]을 다루었다는 게 내 추측이다(제목의 퀸은 실제 여왕이 아닌 드래그[여장 남자]일 듯하다). 하지만 나중에 프레디는 마지못해 "상류층 콜걸 이야기"라고 인정했다. 그러면서 자조하듯 "상류층의 세련된 사람들도 매춘부가 될 수 있다고 말하려 한다"라고 덧붙였다. 세련된 가사에 프레디의 의도적인 오페라를 흉내낸 발성(일부는 길버트와 설리번, 일부는 남성 디바)이 녹아들었다. 이것은 장차 행보에 대한 암시였다. 가사 안팎에 멀티트랙으로 녹음된 보컬 화음과 브라이언 메이의

조화로운 기타 연주가 들어갔고, 이것은 이후 계속 퀸의 결작 음반들의 특징이 된다. 〈킬러 퀸〉으로 그룹은 자기들만의 소리에 이르렀다. 과장된 장르의 흔적이 있지만 딱히 프로그 록의 소리가 아니었고, 프레디의 톨킨 애호의 마지막 흔적이 드러났다. 비슷한 주제를 건드리고 시퀸[주로 여성복에 쓰는 작은 금속 장식]과 스팽글이 번쩍이는 의상을 입지만 딱히 글램 록도 아니었다. 그 시절 프레디는 주로 새틴과 실크를 입었고, 손톱을 새빨갛거나 새까맣게 칠했다. 이국적으로 보였고, 때로 좀 험악한 모습으로 자기 영역이라고 선포하는 사람처럼 무대를 장악했다.

고백컨대 나의 십대 시절의 배경음악은 퀸이 아니었다. 레드 제플린이나 록시 뮤직의 노래들이 그 자리를 차지했다. 두 그룹과 달리 퀸의 싱글과 앨범은 출시 당일에 구입하러 달려가지 않았다. 퀸의 노래는 그냥 거기 있었다. 라디오에, 디스코장에, 파티장에. 좋아하긴 했지만 솔직히 내 취향은 더 날 것, 더 원초적인 록사운드였다. NME[영국의 음악잡지. 퀸과 프레디에게 결코 호의적이지 않은 평론을 다수 쏟아냈다]를 통해서 더 이국적이고 약간 불온함의 표본인 뉴욕 돌스The New York Dolls와 이기 & 더 스투지스Iggy & the Stooges를 발견했다. 이들은 뉴욕 음악계의 일원이었다. 나도 모르는 사이에 펑크의 등장을 기다리고 있었다. 그리고 1976년 때마침 펑크 시대가 열렸다.

그런데 그때 팝의 다른 분야에서, 퀸 역시 그렇게 갑작스럽게 등장했다. 펑크는 눈 깜빡할 새 왔다 갔고, 이후 등장한 모든 새로운 음악에 영향을 미쳤다. 하지만 도전적인 성향과 태도를 가진 '펑크 이전' 그룹 퀸은, 펑크 사태 및 음악계와 팝 문화의 모든 변화를 단호히 거부하며 거리를 유지했다. (어떤 의미에서 퀸은 펑크 역사의 부차적인 존재다. 그들은 빌 그런디가 진행한 텔레비전 쇼 '투데이'에서 돌연 철수해야 했고, 그 자리에 섹스 피스톨즈가 등장해서 욕설과 추잡한 행위가 펑크 스타일로 대중의 의식에 남았다.)

퀸이 최정상급으로 대중의 집단의식에 인식되기 시작한 시점은, 앞에서 밝혔듯이 《보헤미안 랩소디》[1975년 10월 31일 핼러윈 데이에 발매]였다. 이후 모든 게 달라졌다. 돌아보면 섹스 피스톨즈의 《아나키 인 더 유케이Anarchy In The UK》[1976년 11월 26일 발매] 못

지 않게 중요한 싱글이었고, 팝 문화를 정의내리는 돌이킬 수 없는 지점이었다. 퀸의 편에 서서 들썩이는 길을 안전벨트를 매고 달리거나, 펑크라는 혹성의 어디쯤 착륙할지 모르고 비상 출구로 빠져나오거나 둘 중 하나였다. 나는 후자에 설득 당했다. 1975년 〈보헤미안 랩소디〉부터 팝계에서 퀸과 퀸의 음악을 피하려고 애썼지만, 〈아이 원트 투 브레이크 프리〉 비디오가 발표된 1984년, 문득 프레디 머큐리가 얼마나 광적이고 지독하고 파괴력이 있는지 알아차렸다. 그전에는 퀸이 대표한다고 생각한 모든 것에 반발했다. 그런데 당연히 퀸은 점점 대단해지고 피할 수 없고 빠져나갈 수 없어졌다.

기본적으로 퀸은 세계를 장악했지만 팝 언론계를 장악하지는 못했다. 그것이 팝 문화 구조에서 그들의 자리였다. 늘 인기 있지만 유행을 선도하지 못했다. 로저 테일러는 『모조』에 말했다. "우리는 비평가들의 호평을 받은 적이 없는데, 나중에는 그게 꽤 중요해지더군요. 평론가들의 호평을 받을수록 영락없이 실패했으니까요." 처음부터 '실패'는 퀸의 단어장에 없는 단어였다. "우리는 정상을 목표로 했고, 그 밑에서는 만족 못했을 겁니다." 몇 년 후 프레디는 회상했다. "우리는 최고를 원했어요. 세상을 지배하는 문제는 아니었습니다. 그런 식으로 이해된 걸 알지만요. 상당한 오만감과 자신감, 단호한 결단력을 가져야 됩니다. …… 이 업계에 발을 들여놓을 때 오만은 아주 좋은 자산이지요. 그건 2등이 아니라 1등이 될 거라고, 최상을 바라며 최고를 향해 나아가라고 자신에게 말한다는 뜻이거든요." 그들은 어디 맞춘다는 생각을 다시는 하지 않았다. 퀸이 1970년대를 지나왔지만 당시 주요 팝 문화의 일부로 편입되지 않은 점을 주목할 만하다. 퀸은 프로그 록과 글램 록이 우세하던 시기에 시작했지만 어느 쪽에도 맞추지 않았다. 퀸이 대히트한 1970년대 중후반은 펑크가 중요하고 위력 있는 것들을 다 욕하던 시기였다. 또 퀸 같은 음악(서사적이고 과장되고 폭넓은 음악)이 위축되어 죽어가던 시기였다.

그런데 퀸은 계속 성장해서, 과장과 서사적 야심을 분출하는 스타디움 록[대형 콘서트장을 중심으로 화려하게 연출된 라이브 공연이 특징. 아레나 록이라고도 한다]으로 변화하며 1980년대 초중반으로 나아갔다.

자신들이 유행을 선도하지 못한다는 사실을 무시하거나 알고도 태평스러웠다. 진지한 록가수들은 귀에 거슬리는 기타에 고개를 끄덕이고 더 스미스The Smiths와 모방자들 곁을 맴돌았다. 퀸은 다른 혹성에서 주눅 들지 않고 큰 소리로 당차게 주절대고 의기양양했다. 간단히 말해 퀸은 자기답게 세계를 완전히 지배한 록 그룹이었다. 1975년 앨범《어 나이트 앳 디 오페라A Night At The Opera》는 1년간 영국 차트 1위 부근을 지켰고 미국에서 4위였다. 펑크 전성기에 연이어 낸 후속작《어 데이 앳 더 레이시스A Day At The Races》는 쟈니 로튼Johnny Rotten[섹스 피스톨즈의 보컬]의 영역을 휩쓸어버리듯 영국 차트 1위를 거머쥐었다. 이 현상은 계속되어 1977년 양면 A면 싱글《위 아 더 챔피언스We Are The Champions / 위 윌 락 유We Will Rock You》는 모든 걸 말했고, 그룹의 습관대로 크고 분명하게 면전에 대고 부르는 식이었다. 마찬가지로 앤섬[어떤 특출한 그룹의 활기찬 노래] 같은 〈라디오 가가Radio Ga Ga〉는 의식했든 아니든 스타디움 록의 웅장함과 제3제국 집회 분위기가 나는 비디오로 마무리되었다. 퀸은 국외에서 살다시피 하며 싱글 《팻 바텀드 걸스Fat Bottomed Girl / 바이시클 레이스Bicycle Race》를 풍자라고는 전혀 없이 매우 적나라(!)한 내용의 비디오와 함께 발표했다. 퀸은 선 시티Sun City[요하네스버그 북서쪽의 휴양 도시. 당시 영국 음악인 조합이 아파르트헤이트에 항의해서 남아공 공연금지 규정을 만들었는데, 퀸은 이국적인 미개척지 공연이라는 단순한 생각으로 공연을 했다]에서 공연을 여덟 차례 해서 (홍보면에서 드물게 잘못한 일이었다) 팝 언론계와 좌파의 질시를 받았고 UN의 문화 블랙리스트에도 올랐다. 그들은 허풍, 노골적인 섹시즘, 정치적 무책임이란 비난에도 주춤대지 않고 진격했다.

음악 언론계에 퀸(과 프레디)의 과도한 1980년대식 욕망에 대해 소문이 무성했다. 우린 앨범 발표회나 공연 마감파티에 초대받지 않았다. 프레디는 음악 언론을 싫어했고, 당시 내가 일했던 NME는 「이 남자는 멍청이인가?Is This Man A Prat?」라는 헤드라인의 기사를 낸 이후 특히 소원했다. 하지만 온갖 이야기가 들려왔다. 상의 탈의(심지어 하의 탈의)한 웨이트리스들이 샴페인을 서빙하고, 친한 사람들이 모여 레즈비언 콤비의 행위를 구경한

다고 했다. 이성의 옷차림, 드래그 퀸, 난쟁이들의 민머리에 올려진 콜럼비아 산 최고급 코카인……. (이 얘기는 로큰롤계의 전설적인 일화가 되었고, 스톤스와 레드 제플린의 방탕한 소문과 섞였다. 물론 너나없이 부인했지만.) 한때 퀸의 스타일리스트였던 다이애나 모슬리Diana Mosley[프레디가 〈잇츠 어 하드 라이프〉 뮤직비디오에서 입었던 빨간색 '거대한 새우 의상'을 만들었다]는 "퀸이 파티를 벌였을 수도 있죠"라고 했다. 1978년 퀸은 《재즈Jazz》를 내놓으며 뉴올리언스에서 밤새 술판을 벌였다. 그 자리에는 도시 최고의 스트리퍼들과 복장도착자들, 관능적인 곡예사들 등 온갖 변태들이 있었다. 몇 년 후 브라이언 메이는 회고했다. "일부러 과하게 굴었어요. 일부는 우리의 즐거움을 위해, 일부는 친구들의 즐거움을 위해…… 일부는 (이 대목에서 그의 진실성이 느껴진다) 그 지옥을 위해."

그래도 퀸은 성장했고 상업적으로 선배 팀들을 능가하면서 변화했다. 「록 인 리오」[1985년 1월 10일~20일], 같은 해의 「라이브 에이드」[1985년 7월 13일], 「넵워스 공연」[1986년 6월 7일~8월 9일까지 이어진 '매직 투어'의 피날레]은 퀸을 독특하고 이론의 여지없는 80년대 최고 뮤지션 반열에 올린 3대 공연이었다. 첫 번째 공연은 말 그대로 도시를 멈추게 했고, 두 번째 공연은 세상의 환호를 독차지한 17분간의 히트곡 메들리를 통해 팝 거장들의 코앞에서 세계를 정복했다. 세 번째는 퀸의 마지막 라이브 공연으로, 귀향해서 6천 평방피트[약 167평] 무대에서 25만 청중 앞에서 장관을 연출했다.

하지만 긴 여정 중 퀸은 종종 휘청대고 넘어졌다. 「라이브 에이드」 이전의 《재즈》(1978)와 《핫 스페이스Hot Space》(1982) 같은 앨범들은 변화하는 그룹답게 헤매는 것 같았다. 뮌헨에서 《더 게임The Game》(1980)을 녹음하면서 멤버들은 방향성과 성실성을 두고 격렬하게 부딪쳤다. 나중에 브라이언 메이는 인정했다. "우리 모두 한 번 이상 밴드를 떠나려고 했어요. 그러다 우리 누구보

다 밴드가 중요하다는 생각으로 돌아오곤 했지요." 그는 비탄에 잠긴 듯 덧붙였다. "우리 대부분의 결혼생활보다 밴드가 더 오래 지속됐거든요!" 기본적으로 긴 세월 멤버들을 지속시킨 동기가 사라져버렸다. 목적했던 바를 대부분 성취했고 혜택이 없는 가운데 지쳐버린 것이다. 자신들의 성공과 출세가 심드렁해졌다. 그런데 「라이브 에이드」가 모든 걸 바꿨다. 주최자인 밥 겔도프Bob Geldof는 신나게 말했다. "그날의 최고는 완전히 퀸이었어요. 최고의 사운드를 냈고 시간을 알차게 사용했지요. 그들은 쇼의 개념을 제대로 이해했어요(지구의 주크박스라는 것을요). 퀸은 나서서 히트곡을 하나하나 쏟아냈지요. 프레디에게도, 전 세계에게도 완벽한 무대였습니다."

1985년 7월 그날 프레디 머큐리는 주인공, 센터, 위대한 엔터테이너가 되었다. 소도구, 화려한 무대디자인, 과장된 의상 없이도 프레디 머큐리는 가장 빛났다. (「라이브 에이드」 덕분에 찰리 채플린Charlie Chaplin과 함께 우정국의 공식 밀레니엄 아이콘으로 선정되었다. 팝 아티스트 피터 블레이크Peter Blake는 프레디 머큐리의 이미지로 우표를 디자인했다. 그는 비틀스의 《써전트 페퍼스 론리 하츠 클럽 밴드Sergeant Pepper's Lonely Hearts Club Band》 재킷을 디자인한 작가다. 블레이크는 말했다. "예전에도 퀸의 콘서트에 가봤지만 밴드와 청중의 엄청난 일치감이 느껴졌고 그것을 포착하고 싶었습니다. 우표의 위쪽 절반은 대규모 이벤트들에 등장한 거대한 스크린 이미지에서 땄고, 아래쪽은 라이브 공연의 같은 순간을 표현한 겁니다. 다양한 요소를 포착하고 싶었어요. 「라이브 에이드」의 정신을 잡아내려고 노력했지요. 퀸의 커리어를 다시 일으킨 사건이라고 믿으니까요." 우연히 드럼 뒤에 앉은 모습이 찍힌 로저 테일러는 왕실가족을 제외하고 생전에 우표에 등장한 최초의 잉글랜드인이었다.)

프레디와 메리 오스틴, 1974년 퀸의 영국 투어 중 무대 뒤에서

미쳤거나 유쾌하거나! 금기로부터 자유롭게

당시, 팝계에서 꽤 오랫동안, 퀸은 주인공이었다. 가장 근사하고 화려하게 연주했고, 빈틈없이 고집스레 번드르르했다. 장관 그 자체, 엔터테인먼트 자체인 록 그룹이었다. 하지만 거기에도 왜곡이 있었다. 때로는 무의식적으로 왜곡되었다. 〈어나더 원 바이츠 더 더스트Another One Bites The Dust〉의 베이스 라인이 밴드의 손을 훨씬 벗어나서 전혀 다른 장르의 음악인 '힙합'의 모티브의 샘플이 되었을 정도다. 다른 곡들도 본래 의도에서 아주 멀리 가버렸다. 〈위 아 더 챔피언스〉는 스타디움 록의 대표곡일 뿐 아니라 풋볼 응원석에서 가장 오래 불린 노래가 되었다. 〈위 윌 락 유〉는 미국 야구팬과 아이스하키 팬의 인기 응원가가 되었다.

가끔은 왜곡된 양상이 빤히 드러나 보여도 위력이 약해지지 않았다. 성 정체성과 관련해 프레디는 신중함과 노골적 표현 사이에서 줄타기를 했다. 한 번도 게이라고 밝히지 않았지만, 비디오와 무대 매너, 표현하는 이미지가 너무 들여다보여서 어지간하면 다들 알아차렸다. 갑자기 기른 콧수염, 게이의 전형적인 표정, 빌리지 피플Village People[1970년대 후반의 디스코 그룹. 대표곡이 〈YMCA〉〈마초 맨〉이다]식의 마초 이미지 등이 모두 "나를 봐! 난 게이야!"라고 말했다. 형광색으로 그렇게 쓴 간판을 목에 걸고 다닌 셈이었다.

퀸의 스타일리스트였던 다이애나 모슬리는 이렇게 표현했다. "프레디는 게이로 살았지요. 소리쳐 말하거나 커밍아웃할 필요가 없었어요. 게이 특유의 화려함을 가졌지만, 자신을 게이대표로 보지 않았습니다. 공공연하게 그러는 것은 꺼렸지요." 그래도 다르게 생각한 팬도 많았다. 혹은 단지 그 부분을 생각하지 않았거나. 작가이자 『페이스』와 『옵저버』의 팝 저널리스트 미란다 소이어Miranda Sawyer도 그런 사람이었다. "난 퀸을 듣고 성장했고, 비디오 속의 별난 캐릭터를 보면서도 프레디가 게이일 거라고 생각한 적이 없어요. 그저 실제보다 과장했고 진정한 스타라면 그래야 되니까요. 프레디를 잘 꾸민 별난 엔터네이터라고 생각했습니다. 그게 팝 팬덤의 힘이에요. 빤한 것도 보지 못하게 만들죠."

공개된 무대에서 프레디의 별난 면모는 〈아이 원트 투 브레이크 프리〉의 비디오에서 정점을 찍는다. 13번째 히트 앨범《더 워크스The Works》(1984)에 수록된 곡이다. 이 순간 잘난 체하는 록 평론가였던 나는 퀸을 다시 생각하기 시작했다. 그때까지 그들을 부적절한 쇼비지니스로 치부했고, 1975년 〈보헤미안 랩소디〉가 내 팝 의식을 점령한 후에도 최선을 다해 무시했었다. 그런 내가 정확히 말하면 프레디 머큐리라는 인물을 다시 보기 시작했다.

그 즈음 팝 비디오가 곡 자체보다 중요해지기 시작했다. 따라서 제작비용도 달라져, 듀란듀란과 마이클 잭슨이 프로모션 비디오에 쓴 비용은 소규모 영화 제작비에 달했다. 물론 퀸도 이런 과소비의 영향을 피해가지 않았다. 이전에 로저가 단조로운 팝 라디오를 조롱하며 만든 〈라디오 가가〉의 경우, 은색 작업복을 입은 엑스트라 5백 명이 등장해 합창에 맞춰 손뼉을 쳤다. 제작비를 가장 많이 들인 곡이었고, 효과를 발휘해서 싱글이 19개국에서 1위를 차지했다. 이런 상황과 퀸이 중미에서 인기 있었다는 사실로 볼 때 〈아이 원트 투 브레이크 프리〉는 대담한 변화였다. 중미는 레드 제플린이 독주한 콕록cock-rock 전성기 이후 다양한 영국 음악의 공세에 강력히 반발했던 주요 시장이었다. 일부는 퀸의 자살행위라고 말했다. 존이 쓴 〈어나더 원 바이츠 더 더스트〉처럼 프레디 맞춤형인 이 곡에서, 프레디는 비디오에서 한 번 더 치고 나오기로 했다. 그것도 이번에는 프레디의 충격적인 기준으로 봐도 충격적인 방식을 동원할 작정이었다.

첫 장면에서 팔찌를 찬 털 난 팔이 50년대식 구형 청소기를 밀고 나온다. 그런 다음 가발을 쓴 프레디가 등장한다. 가짜 가슴이 도드라진 분홍 민소매 티셔츠와 비닐 초미니스커트, 스타킹, 멜빵, 하이힐 차림이다. 그는 여자처럼 입고 소파에 앉아 『데일리 미러』[영국의 타블로이드 일간지]를 읽는 존의 주위에서 청소기를 밀고 다닌다. 수상한 노부인 차림의 존은 몬티 파이톤Monty Python[영국의 6인조 희극인 그룹] 극에서 테리 존스가 연기했던 모습이다. 교외 주택 거실에 줄지어 나는 기러기 세 마리를 포함해 당시 번드르한 장식품이 넘쳐난다. 프레디는 청소기를 돌리고 삐죽대면서 자유로워지고 싶다고 노래한다. 오븐용 가스 레인지 앞에서 섹시한 여학생 로저가 포즈를 취하고, 브라이언은 번들대는 분홍 나이트가운 차림으로 냉장고를 뒤진다. 처음 비디오를 본 순간이 지금도 기억난다. 최초의 충격(도대체 여기서 정확히 무슨 일이 벌어지는 거야?)이 재미로 변하더니, 노골적인 뻔뻔함과 적나라한 들뜬 분위기가 감탄스러워졌다. 프레디는 들떠서 카메라에 대고 미리 약속한 윙크를 하고 앞 소절을 부르기 시작한다. 그러다 당차게 고개를 젖혀 흘러내린 머리를 넘긴다. 대단하다.

그러다가 과장되고 우스꽝스러운 몸짓이 더 나올 리 없다 싶을 즈음, 프레디가 거실 문을 밀어 전혀 다른 세계를 보여준다. 교외 주택에서 영국 국립 오페라 무대가 나타나고 검은색과 흰색 바디수트를 입은 프레디는 드뷔시의 「목신의 오후」에서 니진스키[러시아 무용가. 안문개]에게 경의를 표한다. 그는 나팔을 불고, 엎드려서 뻗은 엑스트라들 위로 구르고, 바위에서 뛰어 경외하는 팔들 사이로 떨어진다. 미쳤다! 유쾌하다! 빈틈없이 뛰어나고 완전히 과장되고 우스꽝스럽다. 순수한 프레디 머큐리다.

하지만 중미의 거실에서 보기에는 지나친 아이러니와 과장이 난무하는 비디오였다. 두 개념은 대서양 너머 블루칼라 록 관객에게 상당히 낯선 개념이다. 세월이 흐른 후 브라이언은 회고했다. "〈아이 원트 투 브레이크 프리〉 비디오가 처음 공개될 때 거기 있었던 기억이 납니다. 공통적으로 혐오와 충격과 경악이었죠. '여자들처럼 옷을 입다니! 어떻게 그런 짓을 할 수 있지?'라고 말했어요. 이건 로큰롤이 할 짓이 아니고, 받아들일 일이 아니야. 비디오에 여장이라니! 엄청난 충격이었습니다. 갑자기 미 중서부에서 프레디가 게이일 거라고 생각했던 것 같아요. 그건 충격이었지요. 허용되지 않는 일이었어요. 무시무시한 일이었고……."

지금은 그런 반응이 어처구니없지만, 당시는 그랬다. 뛰어난 획기적인 신나는 비디오 때문에 퀸은 대규모 미국 청중을 잃었다. 뉴 오더New Order, 애쉬Ash 등의 영국 그룹들과 작업한 미국인 록 프로듀서 아서 베이커Arthur Baker는 말했다. "퀸은 늘 청중을 예기치 않게 당황시킵니다. 미 중심지역들에서 그 정도가 지나쳤던 것 같아요. 내가 보스턴에서 성장한 1970년대에 퀸은 좋아할 수밖에 없는 힙한 하드록 밴드였습니다. 심지어 한동안 레드 제플린을 밀어내기도 했지요. 하지만 프레디가 게이고 그의

노래에 완전히 다른 수준의 의미가 있는 줄 아무도 몰랐지요. 심지어 퀸이라는 이름도 힌트를 주지 않았어요. 사람들은 그런 생각을 해보지 않았죠. 아니면 퀸이 모두를 속였거나. 오늘날까지 어느 쪽인지 모르겠습니다. 내가 아는 것은 퀸 때문에 내가 정신을 바짝 차렸다는 사실입니다. 그들을 하드록 그룹으로 단단히 믿었는데, 〈어나더 원 바이츠 더 더스트〉는 알앤비 방송국들에서 가장 많이 나온 음반이 되었으니. 엉뚱한 방송국의 대히트곡이라니. 그러다 〈아이 원트 투 브레이크 프리〉 비디오를 봤는데, 아이구야! 바닥에 털썩 주저앉았다는 뜻입니다! 그렇게 재미있고 대단한 팝 비디오는 없었지만, 뉴욕과 서부 해안 지역 이외에서는 수용하지 않았지요. 록 팬들을 화나게 했어요. 미국에서 록 팬은 원래 아주 보수적인 청중이거든요. 복장도착? 게이 록가수? 됐다고 그래!" 어쨌든 베이커는 컨템포러리 팝에 이런 곡은 없다고 인정한다. 그 누구도 그런 상상력, 유머, 비전, 대단한 용기가 없을 테니까.

낭만적 사랑과 짜릿한 사랑, 전부를 원해

옥스퍼드 영어 사전에 '머큐리얼mercurial'은 '활달한, 임기응변의, 변덕스러운'이라고 나온다. 프레디 머큐리 그대로라고 해도 과언이 아니다. 팝 카멜레온이자 인간 프레디는 예명에 맞게, 그러다가 그 이상으로 살았다. 그는 모순 많은 복잡한 인생을 살았다. 영국 최초의 인도계 팝스타였지만, 잔지바르와 인도 뿌리를 노이로제에 가깝게 비밀에 부쳤다(첫 번째 홍보 담당자는 그의 본명조차 몰랐다. 십대 시절 사진 속 파로크 불사라를 보면 불안정함과 인정받고 사랑받고 싶은 욕망을 쉽게 찾을 수 있다). 프로이트 심리학자들은 프레디의 성공 의지의 결정적 요인은 야망이 아니라 그런 욕망에서 나왔다고 말할 것이다. 개츠비 차림으로 한가롭게 앉은 모습은 자신을 약간 어색하고 불편해 하는 것 같다. 학창 시절 '버키Bucky'라는 별명을 안겨준 뛰어나온 입은 평생 불편했지만, 음색에 영향을 미칠까봐 성형하기 꺼렸다.

프레슬리 이후 영미권에서 탁월한 로큰롤 롤 모델들이 나오는 상황에서 처음에는 인종적, 문화적 특이성이 부담이었을 것이다. 어쩌면 그는 거기서 완전히 해방되지 못했다. 하지만 뿌리 깊은 특이성에서 스타가 태어난다. 팝계는 특이함을 응원하고 축하하는 장이니까. 이방인이 집뿐만 아니라 크게 공감하는 청중을 찾을 수 있는 장이니까. 그 삶은 늘 복잡하고 모순적이다. 그러니 프레디 머큐리가 지나친 자신감과 엄청난 불안감, 그 엄청난 모순 사이에서 살았던 것은 특이하지 않다. 하지만 그의 삶은, 특히 첫 성공을 거둔 후 독특하게 복잡해졌다. 오래 지속된 중요한 첫 사랑은 메리 오스틴Mary Austin이라는 여성이었다. 두 사람은 남녀 친구로 같이 살았다. 프레디는 관심 받으려는 외향적인 사람이고 메리는 조용하고 생각 많은 내향적인 사람이었다. 완전히 정반대의 사람들이었다. 그런데도 둘의 우정, 사랑은 지속되었다.

메리가 프레디를 만난 것은 그가 유명해지기 전이었다. 퀸이 아직 태동기였을 때, 만나서 연습하고 소리를 맞춰가기 시작할 즈음이었다. 처음에 그녀는 프레디를 "만화경 같은 성격의 소유자. 다채로운 색채로 눈뜨게 해주는 사람. 인생의 아이러니를 보고 유머를 찾는 사람. 더 어두운 면은 좋아하지 않았던 사람"으로 보았다. 나중에 그가 유명해지고 억눌렸던 성 정체성이 꽃을 피우자 둘의 연애는 프레디의 표현으로는 "눈물 속에서 끝났다." 둘은 가까운 친구로 남았다. 육체적 요소가 없는 관계에서 상상하기 힘들 정도로 가까운 사이였다. "거기서(우리 연애에서) 깊은 유대가 자라났고, 누구도 그걸 빼앗을 수는 없어요. 언감생심이죠." 프레디는 그렇게 말하고 남들이 못 알아들은 것처럼 덧붙였다. "내 애인들 모두 왜 자기가 메리를 대신할 수 없느냐고 물었지만 그건 그냥 불가능해요."

복잡한 문제다. "리즈 테일러보다 애인이 많았다"고 고백한 게 이 남자가 이성애자 같은 낭만적인 오랜 사랑을 고수하다니. 어쩌면 사랑에서, 인생에서 그는 모든 걸 원했고, 메리 오스틴에게서 완벽한 커플이라는 낭만적인 이상에 최대한 다가갔을 것이다. 1996년 11월 「선데이 타임스」에 방송진행자이자 문화평론가인 월데마 자누스작Waldemar Januszczak의 기사가 실렸다. 런던 앨버트 홀에서 열린 프레디의 인생 사진전을 다룬 기사에서 그는 이렇게 썼다. "프레디는 사적으로는 성 정체성과 관련해 별나게 과장되게 굴었지만 공개적으로는 늘 수줍었다. 아니, 수줍은 게 아니라 오해하게 했다. 틀림없이 부모에게도 사실을 숨겼다. 불사라 가족 모임 사진들을 보면 그는 메리 오스틴을 동반한다. 전직 부티크 주인으로, 프레디가 깊이 사랑했고 한때 동거했으며 거액의 유산을 남긴 여인이다. 같이 살면서 가장 힘든 투병기에 간호한 짐 허튼은 어디에도 보이지 않는다."

적어도 육체적으로는 메리 오스틴과 결별하고 성공을 거둔 후, 프레디는 장차 구애하거나 따라다닐 사람들뿐 아니라 진짜 친구들과 팬들에 둘러싸였다. 킹(퀸이어야 했겠지만!) 프레디의 궁전으로 유명해졌다. 그는 뮌헨, 뉴욕, 런던 자택인 가든 롯지에서 거창한 파티를 열었다. 한동안 무대 안팎에서 관심의 중심이 되었고, 살아 숨쉬는 파티광의 모습을 생생히 보여주었다. 여기에는 신체적, 감정적 대가가 따랐다. 그는 후회하며 말한 적이 있다. "내 연애는 지속되지 않는 것 같았어요. 분명히 내 안에 파괴적인 요소가 있을 거예요. 관계를 만들려고 부단히 노력하는데 어쩐지 사람들을 몰아내거든요. 내게 사랑은 러시안룰렛이에요. 아무도 진짜 나를 사랑하지 않아요, 다들 내 명성과 스타덤과 사랑에 빠지죠."

'내게 사랑은 러시안룰렛이에요.' 맙소사! 하지만 그 시절 프레디는 런던보다는 뉴욕과 뮌헨의 요란한 게이클럽에서 문자 그대로 러시안룰렛을 했다. 런던에서는 너무 알려져서 호의적인 팬들이나 파파라치의 관심을 끌기 때문에 삼갔다. 1976년 퀸의 2차

미국 투어 시절, 프레디는 타블로이드 지 기자인 릭 스카이에게 이렇게 말했다. "과한 것은 내 성격의 일부죠. 내게 권태는 질병이에요. 정말 위험과 흥분이 필요해요······. 난 확실히 관능적인 사람이에요······. 이상하고 흥미로운 사람들에 둘러싸이는 게 좋아요. 내가 살아 있음을 더 느끼게 해주니까요. 극도로 반듯한 사람은 지루해 미쳐요. 괴상한 사람들이 주변에 있는 게 좋아요."

이 말처럼 그는 아무하고나 섹스하는 게 선택이 아니라 필수인 은밀한 세계를 깊이 탐구했다. 모든 면에서 그렇듯 성생활에서도 위험을 무릅썼다. 하지만 익히 알 듯 80년대는 위험성이 높은 시기였다. 그것은 말 그대로 목숨을 거는 도박이었다. 릭 스카이는 프레디의 전기 작가인 레슬리 앤 존스Lesley-Ann Jones에게 말했다. "그는 천사들이 밟기 두려워하는 곳에 발을 들였지요. 그런 곳에 가는 걸 즐기는 전형적인 세련된 사람이었어요. 남창 소년을 오페라에 데려가는 게 그의 궁극적인 환상이었을 거예요." 뮌헨에서 쾌락적으로 살다가 1987년 런던 가든 롯지에 정착한 후, 프레디는 오페라를 보러 갔고 디바를 데리고 돌아왔다. 프레디 머큐리가 다사다난한 짧은 생애 동안 벌인 대단한 프로젝트들 중 마지막이자 가장 독특한 사건이었다.

"우리는 잔드라를 찾아가 드라마틱한 잠재력을 부각시킬 의상을 원한다고 말했어요. 그녀는 스스로가 매우 드라마틱한 사람이었으니까 무척 신경을 썼죠. 이건 몹시 성가신 부류의 일이었어요. 당시에는 누구든 예외 없이 무대에서 조명을 별로 받지 않아서 잘 보이지도 않았고, 청바지와 티셔츠 정도 입었을 때니까."
_브라이언 메이

"프레디는 잔드라의 의상을 입고 아주 신났고 정말 좋아했어요. 팔 부분이 날개를 단 것 같아 마음에 쏙 들어 했죠. 날개 달린 구두와 의상을 입고 촬영한 날이 기억납니다."
_믹 록, 사진작가, 1974년 촬영

한밤의 '뜻밖의' 오페라

"오페라 퀸은 한 명의 디바를 선택해야 한다. 사람들은 다른 디바들도 감탄하고 즐겨 듣고 사랑하기도 한다. 하지만 단 한 명의 디바만 오페라 퀸의 마음을 차지할 수 있고, 한 명의 디바만 청중의 삶을 그릴 능력을 가진다. 콤파스가 원을 그리듯."(웨인 코에스텐바움Wayne Koestenbaum, 『퀸의 목 – 오페라, 동성애, 욕망의 미스터리The Queen's Throat-Opera, Homosexuality and the Mystery of Desire』)

문제의 오페라 퀸은 프레디 머큐리였고, 디바는 몽세라 카바예였다. 두 사람이 서로를 발견했다고 말하면 시적이겠지만, 실제로는 프레디가 카바예를 발견했다. 당시 그녀는 다행스럽게도 프레디의 존재를 몰랐다. 독특한 저서『퀸의 목』(프레디가 제목을 맘에 들어했을 텐데!)에서 웨인 코에스텐바움이 무심코 지적한 점은 록 음악의 터전에서 성장한 사람에게 오페라가 호소력이 있다는 것이다. 가장 야심차고 과장되고 퀸다운 록 음악도「아이다Aida」나「카르멘Carmen」의 야심과 과장 근처에는 얼씬 못 한다. 그는 이렇게 썼다. "볼륨, 높이, 깊이, 화려함, 과도한 오페라 발성은 우리의 몸짓이 얼마나 작고 신체적 특질이 얼마나 빈약한지 대조적으로 보여준다."

아마도 그런 이유로 디바의 화신인 몽세라 카바예는 프레디 머큐리를 멍하니 말을 잃게 만들었다. 그는 1983년 5월 베르디의「가면무도회」공연에서 카바예를 발견했다. 개인 비서인 피터 '피비' 프리스톤과 공연에 간 이유는 생존한 세계 최고 인기 테너 루치아노 파바로티를 보고 듣기 위해서였다. 레슬리 앤 존스가 쓴 전기『프레디 머큐리』에 '피비'의 설명이 나온다. "1막에 파바로티가 등장해서 노래했고 프레디는 멋지다고 생각했습니다. 2막에서 프라마돈나가 나왔고 바로 몽세라 카바예였는데…… 그녀가 노래를 시작하자 그걸로 끝이었지요. 프레디의 입이 벌어졌습니다. 그때부터 계속 그는 몽세라를 원했어요."

마침내 둘이 녹음한 앨범을 난 3개의 솔로 앨범 중 음악적으로 핵심이며 완벽한 승리로 본다. 프레디의 목소리가 살아 있고 어

느 솔로 곡에도 없는 소리다. 가끔 보인 록과 팝의 한계의 답답함이 (처음에는〈보헤미안 랩소디〉를 3부로 구성된 미니 록페라의 형태까지 경계를 확장했지만) 이제 진짜 가수와 함께하면서 발산된다. (몽세라의 유령 같은 음색을 듣고 프레디가 처음 한 말은 "와, 저게 진짜 가수지!"였다.)

프레디와 몽세라의 공동 작업,〈보헤미안 랩소디〉,〈아이 원트 투 브레이크 프리〉비디오에 공통적으로 마음에 드는 점이 있다. 프레디의 야심, 용기, 악마 같은 근성. 팝가수와 오페라 가수의 듀엣이라는 엉뚱한 아이디어는 승산 없고, 저급문화와 고급문화 간의 서먹함이나 타협 속에서 아무에게도 득이 안 될 것 같았다. 품위 없을 것 같고. 하지만 그렇지 않았다. 프레디는 몽세라를 이해했고 몽세라는 프레디를 이해했다. 두 사람은 처음부터 같이 있는 것을 즐겼다. 새벽까지 피아노 앞에서 쇼 풍으로, 팝 풍으로, 가벼운 오페라 풍으로 노래했다. 그들은 어울리고 조화로운 디바들이었다.

결국 두 사람은 바르셀로나에서 걸맞는 큰 무대를 찾아냈다. 오페라 하우스 오케스트라와 합창단과 스페인 국왕 부부를 포함한 청중 앞에 섰다. 야외축제의 밤 행사였고, 바르셀로나가 서울에게 올림픽기를 넘겨받는 순서가 있었다. (가수의 악몽인 프레디의 성대 결절 때문에 둘은 노래라기보다 마임을 했지만, 그건 문제가 아니었다. 중요한 것은 이 공연의 상징성이었다.)

《바르셀로나》음반의 몽세라 카바예 듀엣은 여러 면에서 프레디의 마지막 대승리를 보여주었다. 다른 솔로 앨범도 있고 이후 퀸의 히트곡들도 나왔지만, 이 협업은 어떤 것보다도 대단한 의지의 승리였다. 그는 록 음악 밖에서 자신을 재창조할 기회를 보았고 도약했다. 믿음, 자신감, 자기 확신의 큰 도약이었다. 다른 솔로 곡을 들으면 다른 프레디 머큐리가 힐끗 보인다. 가창력에 확신이 있으면서도 나머지 '3인' 없이 묘하게 표류한다. 상업적으로 성공 못한《미스터 배드 가이》와《더 그레이트 프리텐더》(프레디 머큐리 앨범의 미국판으로 더 어울리는 타이틀이다) 모두 감성과 음악의 폭이 풍부하다. 이 곡들은 프레디 머큐리의 기존 이미지에 엔터네이너, 카멜레온, 아주 쉽게 음악적인 가면을 썼

> # "사실 무척 슬픈 나날이었지만 프레디는 좌절하지 않았어요. 그는 죽을 거라는 사실을 각오했죠. 그걸 받아들였어요."

다 벗었다 하는 면모를 더한다. 능력을 뻗으려 하지만 완전히 확장하지 못하는 사람을 연상시킨다. 마치 프레디가 장차 솔로 생활을 조심스레 시험해 보는 것 같다. 정말 그랬는지 누가 아나?

개인적으로 《바르셀로나》의 프레디 머큐리는 매력과 가능성은 말할 것 없고 더 신난다. 모든 신선함과 도전에 그가 얼마나 신나는지, 얼마나 영감을 받고 흥분했는지 들어보면 안다. 간단히 말해 프레디는 독창성에 젖어 있다. 혼자서도 입장료를 받을 자격이 충분하다. 또 창작과 사교 생활 양면에서 성미와 다르게, 기대에 반해서, 제약에 맞서서 산 인생에 합당한 평가이기도 하다.

쇼는 계속되어야 해! 삶이 멈추더라도…

"정말 슬픈 나날이었지만 프레디는 절망하지 않았습니다. 그는 죽을 거라는 사실을 각오했어요. 받아들였지요. 우리 모두 언젠가 죽지요. 어쨌거나 늙은 프레디 머큐리가 상상됩니까?"(피터 프리스톤, 레슬리 앤 존스, 『프레디 머큐리』)

프레디가 공식적으로 HIV 양성 진단을 받은 것은 1987년, 《바르셀로나》 앨범이 나오기 전 해였다. 그는 마지막 몇 년을 런던과 스위스 몽트뢰에서 가까운 친구들에게 둘러싸여 보냈다. 개인 비서들인 피터 프리스톤과 조 파넬리, 매니저인 짐 비치, 평생의 두 번째 사랑 짐 허튼이 함께 했다. 메리 오스틴은 이렇게 기억한다. "그는 충분히 이해했고 피할 수 없다는 걸 인정했어요. 한 남자가 믿기 힘들 정도로 용감해지는 걸 봤습니다." 프레디는 가까운 친구들 각자에게 병 문제를 다시 거론하지 않도록 단속했다.

한동안 최악을 예상했던 밴드에게도 똑같이 당부했다. 프리스톤은 말한다. "그는 운이 나빴다는 걸 받아들였어요. 아쉬움은 없었습니다. 아니, 한 가지…… 내면에 너무 많은 음악이 남은 걸 아쉬워했지요." 이 말처럼 프레디는 최대한 오래 퀸과 녹음했다. 나머지 멤버들은 공식적으로 그의 병을 알자 브라이언 메이의 표현대로 "그의 주변을 보호막처럼 에워쌌다." 퀸은 비평가들의 칭찬을 받은 앨범 두 장을 더 발표했다. 《더 미러클》(1989)과 《이뉴엔도》(1991)가 나왔고, 가수는 끝까지 음악의 질을 똑같은 수준으로 고수할 것을 고집했다.

마지막에서 두 번째 비디오에서 프레디는 정신 나간 바이런 경[아일랜드 출신의 영국 계관 시인]처럼 차려입고 〈아임 고잉 슬라이틀리 매드I'm Going Slightly Mad〉를 부른다. 타버릴 것 같은 멋과 태도를 보여주었다. 퀸의 마지막 비디오 〈데이즈 오브 아우어 라이브스Days of Our Lives〉에서는 언제라도 바람을 타고 날아가 버릴 듯이 연약하고 영묘한 느낌을 풍긴다. 과장된 몸짓들, 계속되는 움직임이 사라지고 연약함과 여전한 기품이 드러난다. 필름에서 프레디는 마지막 말을 사랑하는 대중에게 친근하게 속삭였다. "난 여전히 당신들을 사랑해요." 마지막까지 디바였다.

프레디가 끝까지 벌인 자기다운 거창한 일은 몽트뢰의 아파트 구입이었다. 퀸이 몽트뢰에 가지고 있는 마운틴 스튜디오의 인근에 아파트를 사서, 거기서 살지 못할 줄 알면서도 웅장한 스타일로 꾸몄다. 다가드는 죽음에 맞서는 마지막 일격이었다. 끝까지 외식하겠다고 고집했고, 친구들을 고급 레스토랑에서 대접할 기운을 내려고 며칠씩 침대에서 쉬며 준비하곤 했다. 스타일 그 자체, 클래스 그 자체였다. 평소라면 극히 따분했을 안온한 그림엽

"난 퀸 노래들이 순전히 현실도피라고 생각해요,
자신의 고민에서 빠져나와 좋은 영화를 한 편 보는 것 같은."

서 같은 몽트뢰에서 그는 평온과 고독을 찾은 듯했다. 평생 그것들을 멀리하려고 애썼건만. 그는 며칠씩 호수를 내다보며 혼자만의 사색에 잠겼다. 또 마지막으로 슬픈 두 곡을 썼다 〈어 윈터스 테일A Winter's Tale〉(제목이 모든 걸 말해주었다)과, 브라이언 메이와 같이 쓴 〈마더 러브Mother Love〉였다. 이 곡은 응축된 자전적인 노래로 자궁으로 돌아가는 내용이었다. 안전, 안락, 영혼, 감성, 물리적인 위로에 대한 노래였다.

런던으로 돌아온 그는 미술대학 졸업 후 처음으로 그림을 그리기 시작했다. 침대에 앉아서 고양이들을 스케치하고 추상적인 수채화를 그렸다. 1991년 10월 출시된 퀸의 40번째 싱글의 제목은 《더 쇼 머스트 고 온The Show Must Go On》[이즈음 프레디는 건강 상태가 최악이었지만 엄청난 고음 부분을 단번에 녹음했다]이었다. 허세 그 자체, 프레디 그 자체, 퀸 그 자체였다. B면이 〈킵 유어셀프 얼라이브〉였다. 11월 23일 프레디가 승락한 대언론 발표가 있었다. 세간의 의심대로 프레디 머큐리가 에이즈에 걸렸음을 확인하는 내용이었다. 그는 다음 날 죽었다. 자정에 발표가 있었다. "프레디 머큐리가 오늘 저녁 런던 켄싱턴 자택에서 평온하게 세상을 떠났습니다." 간단히 "에이즈로 인한 기관지 폐렴이 사인입니다."라는 구절만 더해졌다.

화장식에서 아레사 프랭클린의 음반 《유브 갓 어 프렌드You've Got A Friend》가 흘러나왔다. 참나무 관이 불꽃 속으로 사라질 때는 몽세라 카바예가 녹음한 〈사랑은 장밋빛 날개를 타고 D'Amor sull'ali rosee〉가 울려 퍼졌다. 베르디의 「일 트로바토레Il Trovatore」에 나오는 이 아리아를 프레디 머큐리는 늘 좋아했다. 죽어서도 그는 놀라게 하는 재주가 있었다.

퀸이 디지털 기술을 이용해 프레디가 없는데도 네 명이 노래한

것처럼 만든 앨범 《메이드 인 헤븐Made In Heaven》은 비문으로 적절했다. 아이러니하게도 곡 분위기와 내용은 퀸이 발표한 음반들과 다르게 장엄하고 관조적이고 뭉클하고 부드럽지만. 이 이별 노래들을 쓰고 녹음하면서 마침내 프레디 머큐리의 진짜 얼굴을 감추었던 많은 가면들이 벗겨진 것 같았다. "내 화장은 지워질지라도 내 미소는 남아 있어요" 그는 싸움닭처럼 노래했지만 진솔함이 있었고, 감동적이고 뭉클하게 어색한 연약함이 표현되었다.

1992년 4월 20일 퀸의 세 멤버는 웸블리 스타디움에서 프레디 머큐리 헌정 콘서트를 열었다. 여러 초청 가수들이 퀸의 히트곡들을 라이브로 불렀다. 조지 마이클, 데이비드 보위, 애니 레녹스, 라이자 미넬리, 액슬 로즈, 물론 프레디의 친구 엘튼 존도 있었다. 지칠 줄 모르는 에이즈 운동가이자 영화계의 디바인 엘리자베스 테일러가 프레디를 기념하는 연설을 했다. 하지만 웸블리 무대에서 그의 부재가 절실히 느껴졌다. 아티스트들이 연이어 그 대표곡들과 사랑의 노래들과 서사적인 곡들을 힘껏 부르는데 아이러니하게도 노래 주인이 생각났다. 퀸의 백 카탈로그[뮤지션의 모든 음악 목록]라고 하면 누구도 아닌, 그 누구도 아닌 프레디 머큐리인 것을. 그 해에 '머큐리 피닉스 트러스트The Mercury Phoenix Trust'가 설립되었고 에이즈와 관련된 활동을 위해 계속 모금 중이다. 1991년 〈보헤미안 랩소디〉가 재출시되어 다시 한 번 1위로 직행했고 '테렌스 히긴스 트러스트The Terence Higgins' Trust'를 위해 백만 파운드 이상 모금했다.

프레디 머큐리의 재가 어디 뿌려졌는지는 가까운 이들만 안다. 영국에는 그의 뮤직 백 카탈로그를 빼면 프레디 머큐리의 기념물이 없다. 그의 생일과 기일에 팬들은 가든 롯지에 모인다. 메리 오스틴은 여전히 그 집에서 프레디의 문화적인 유산(그림, 공예품,

엠파이어 가구, 죽음에 맞서느라 마련한 미학적으로 뛰어난 값비싼 작품들) 속에서 지낸다. 매년 메리는 짧은 글을, 추모의 기도문을 낭독한다. 그의 죽음의 본질과 여전한 추모 속에서 일개 팝스타가 아니라 발렌티노, 칼라스가 연상된다. 프레디도 이런 비유를 기꺼워하리라 믿는다.

또 1996년 제네바 호수 건너편 몽트뢰 해안에 세운 동상도 프레디의 마음에 들 것이다. 대좌 위에 공연하는 포즈로 서 있는 2.4미터 조각상이다. 레닌 박물관 입구를 장식한 영웅적인 부조로 유명한 체코의 기념비전문가 이레나 세들레카Irena Sedlecka의 작품이다. 이두근이 도드라진 프레디가 스타디움 록을 부르는 자세로 호수의 석양을 마주본다. 그를 좋아해서 모여든 호기심 많은 이들에게 프레디는 등을 돌리고 있다. 나중에 이레나는 말했다. "그가 사람들을 등지고 있을 줄 알았더라면 엉덩이에 시간을 더 들였을 텐데."

가장 위대한 연기자

우린 프레디 머큐리 같은 독특하고 카멜레온 같은 아티스트를 어떻게 자리매김하는가? 그는 확실히 팝 스타였고 (또 기억해 보면 그 시절 한동안 록 스타였다) 탁월한 엔터테이너였다. 씬 스틸러, 모험가, 디바이기도 했다. 하지만 그런 꼬리표 모두를 능가하는 훨씬 대단하고 복잡한 인물이었다.

록 음악이 고뇌와 불안을 떠안고 그 무게감으로 예민해져 있던 시기에 프레디 머큐리는 대중적인 이미지, 일련의 페르소나들을 만들어냈다. 엔터테인먼트와 현실도피가 밀접하게 관계 있던 시절로 거슬러 올라간 양상이었다. 그 시절 엔터테인먼트의 핵심은 현실도피처를 제공하는 것이었다. 프레디는 말했다. "난 퀸의 노래가 순전히 현실도피라고 생각해요. 재미있는 영화를 보러 가는 거랑 비슷하죠. 끝나고 나면 사람들은 (청중은) 나와서 '아주 재밌었어!'라고 말하고 자신들의 고민으로 돌아갈 수 있죠."

프레스톤 스터지스Preston Sturges가 대본을 쓰고 연출한 할리우드 영화 「설리번스 트래블스Sullivan's Travels」(1941)가 딱 그런 내용이다. 주인공 설리번은 대성공을 거둔 영화감독으로, 그의 대형 로맨스 코미디물들이 연이어 박스오피스를 강타한다. 하지만 예술적, 사회적으로 진정한 가치와 의미가 있는 영화를 만들려는 욕망에 사로잡혀서 부랑자로 변장해 공황기의 미국을 여행하기 시작한다. 보통 사람들을 다룬 사회의식 있는 영화를 만들기 위한 조사다. 엉뚱한 징역살이를 포함해 일련의 모험을 한 후, 보통 사람이 원하는 것은 사회 메시지나 정치의식 교육이 아니라 (짐작하겠지만) 엔터테인먼트, 현실도피임을 깨닫는다.

프레디 머큐리는 깨달음의 여행이 필요 없었다. 그의 모든 점이, 누구보다 크고 밝고 자신만만하게 몰아간 모든 충동이 가르쳐 주었다. 순수한 엔터테인먼트(대 장관, 환상의 승리)는 그 자체로 가치 있고 귀하다는 것을. 엔터테인먼트로서의 록 음악에 대한 열정 때문에, 또 현실탈피로서의 엔터테인먼트에 대한 열정까지 확장해서 우린(특히 비평가들은) 프레디를 속속들이 안다고 생각했다. 그를 명료하게 파악한 줄 알았다. 우린 프레디 스스로의 시각처럼 그를 '대단한 연기자'로 봤다. 보통 사람들이 옷을 걸치듯 여러 인물상과 이미지로 변장하고 연기하는 사람으로 봤다. 스스로 "타고난 공연가" "외향적인 사람"이라고 거듭 밝혔기에, 우린 그를 덜 성공했지만 더 '심각한' 가수들에게 부여한 팝 문화의 주요 부분으로 여기지 않는다. (분노를 표출한 로큰롤의 마지막 대표 밴드 너바나Nirvana의 리더 커트 코베인Kurt Cobain의 유서 내용이 흥미롭다. 그는 팬들이 빨리 변한다고 느끼고 '프레디 머큐리' 같은 위대한 엔터테이너가 되지 못한다고 느꼈다. 미국 인디펜던트 록의 건실한 주자들인 벡Beck과 소닉 유스Sonic Youth는 영향을 받은 앨범으로《퀸 II》를 꼽았다.)

머큐리가 로큰롤이라는 짐(분노, 불안, 예술에 대한 고민)을 고집스럽게 무시했기에, 우린 그를 경멸적으로 '대중적 엔터테이너'라는 구석자리로 밀어냈다. (채플린부터 미넬리까지 세기의 위대한 엔터테이너들을 보면 그런 소모적인 용어는 무시했다.) 조금이라도 프레디를 아는 우리(그의 팬들, 비평가들)들로서는, 프레디는 그런 부류의 문화 훈장을 반길 사람이 아니기에 개의치 않았을 거라고 생각한다. 그가 매니저인 짐 비치에게 마지막으로 한 지시가 "나를 하고 싶은 대로 해요, 날 지루하게 만들지만 말고!"였으니까.

하지만 우린 동시에, 그가 폄하하는 말과 비평가들의 공세에 상처받은 것도 안다. 70년대 중반의 악명 높은 「이 남자는 멍청이인가?」라는 제목의 NME 기사가 바닥을 쳤다. 그는 고백했다. "난 무척 미움 받는 사람이에요……. 그걸 안고 사는 법을 배웠다고 생각합니다. 하지만 비평에 상처 받지 않는다면 거짓말이죠, 다들 상처 받잖아요." 그가 자칭 흥행사, 비평가들보다 잘나가는 자들, 팝 문화의 속물들에게 복수, 궁극적인 복수를 한 것도 우린 안다. 그들이 무시할수록 그가 더 대단해졌다는 말이다. 대단해질수록 점점 더 무시할 수 없는 인물이 되었다.

상당히 짧지만 놀랍도록 풍요롭게 산 사람들이 그렇듯, 큰 그림의 어디부터 프레디 머큐리의 자리를 찾을지 난감하다. 팝 문화에서 그는 더 심각한 아이콘들(딜런, 레논, 헨드릭스, 프린스 등)처럼 영향력이 크거나 수수께끼 같지도 않았고, 평론 면에서 이들과 비교하는 것은 옳지 않다. 이미 말했듯이 프레디는 그런 쪽에서는 거론되지 않았다.

그는 밥 딜런이나 존 레논처럼 가사와 음악으로 세상을 바꾸려 하지 않았다. 헨드릭스나 프린스처럼 팝의 길을 바꾸려고 하지도 않았다. 그저 반짝이고 튀고, 관심을 끌고, 가끔씩은 모든 주목을 받으며 계속 나아가고 싶었다. 일회적이라도 이 의도는 위대한 팝의 핵심이며 심지어 (아니라는 견해가 있지만) 위대한 록의 핵심이다. 그래서 프레디 머큐리가 과하게 대담해도 (난해에 가깝지만 난해하지 않은 〈보헤미안 랩소디〉가 대담하지 않으면 뭘까?) 그의 곡에는 깊지는 않아도 세심함이 있었다. "우리 노래에 숨은 메시지는 없습니다." 그런 생각이 쇼비지니스 감각을 망치기라도 하는 듯 그는 몇 차례 주장했다. 적어도 음악적으로 프레디는 순수한 표면을 보여주었다. 하지만 얼마나 대단한 표면인가. 얼마나 눈부시고 반짝이고 만화경 같은가. 대단한 쇼맨. 대단한 환상을 보여주는 사람. 굉장한 카멜레온. 마지막까지 한결같이.

마돈나, 엘튼 존, 마리아 칼라스Maria Callas처럼 프레디는 세계적인 유명세를 통해 자신의 노래를 초월한 스타가 되었다. 대중문화의 신전에 들어와 업적(글, 음반, 공연한 노래) 때문이 아니라 본모습(메가 스타 프레디 머큐리) 때문에 명사가 되었다. 물론 명성은 늘 스스로 생기고 영원히 지속되는 성향이 있고, 결국 유명하다는 이유로 유명한 것이다.

하지만 우리는 전에 없이 유명인이 대중의 의식을 지배하는 시대에 산다. 다양한 미디어로 속속들이 전달되는 유명인이나 유명세를 타기 시작한 인물의 생활이 때로 불안할 만치 우리의 상상력을 자극한다. 타블로이드 신문과 라이프 스타일 잡지에 끝없이 B급 C급 '가짜' 스타들의 멍한 눈빛이 등장해 명사의 가치를 하락시킨다. 그 과정에서 진짜 스타, 진정한 스타의 매력에 거의 이골이 날 지경이다. 전부는 아니고. 하지만 프레디 머큐리는 진정한 스타였다.

때로 우리는, 특히 명백한 것은 간과한 채 그 너머의 숨은 의미 찾기에 골몰하는 비평가들은 보지 못했지만, 그것은 늘 우리를 응시하고 있었다. 프레디 머큐리가 확실히 스타성, 카리스마, 존재감을 가졌다는 사실이 말이다. 처음부터 유명인과 팬들 사이에 구식의, 빈티지 할리우드 같은 계약이 있는 걸 본능적으로 알았다. 예를 들면 무대 위와 밖에서 믹 재거보다는 라이자 미넬리Liza Minnelli와 비슷했다. 그는 연예계에 있었고 로큰롤을 했지만, 궁극적으로 로큰롤보다 연예인에 훨씬 가까웠다. (내가 말하는 것은 옛날 연예계다. 갈랜드Garland, 아스테어Astaire, 심지어 프레디가 "난 루돌프 발렌티노랑 똑같이 진짜 낭만주의자"라며 농담 삼아 자주 비교했던 그 발렌티노Valentino 같은.)

그는 구식 프로 정신을 가져서, 심지어 로큰롤에도 필요한 그 계약을 처음부터 이해했다. "요즘은 음악과 재능만으로 충분하지 않지요. 좋은 곡을 쓰는 정도로는 부족해요. 그걸 전달하고 포장해야 해요……. 스스로 분발해야 하고 처음부터 사업적인 부분을 다루는 법을 배워가야 됩니다……. 거기 나가서 움켜쥐고 이용하고 자기에게 맞게 만들도록 해요……. 그걸 대중에게 공급해야 해요……. 하드셀[적극적 판매, 힘든 설득]이라고 하죠."

프레디가 할리우드의 첫 황금기나 로큰롤 초창기에 활동했거나 사이키델리의 60년대에 꽃피었다면 야심, 위트, 스타일 넘치는 거창한 작업을 했을 것이다. 그게 프레디였다. 그는 거창하게 생각하고 활동하고 살았다. 또 신비감과 프라이버시를 유지하는 법을 알았다. 얼마나 팬들에게 내줄지, 자신과 측근들은 얼마만큼을 공유할지 알았다. 그는 자주 파티를 열었고, 친한 친구들과 잘 선택한 측근들에게 기회 있을 때마다 선물 공세를 했다. 호사스런 선물인 경우도 잦았다. 프레디는 진정한 디바답게 풍성한 삶을 살았다.

뒤늦게 밝혀진 사실들로, 팝과 로큰롤의 바깥에서 프레디 머큐리를 자리매김할 수 있겠다. 오페라를 흉내내는 취향(당연히 〈보헤미안 랩소디〉를 비롯해 형식을 파괴하지는 않지만 로큰롤의 답답한 한계를 탈피한 열두어 곡)은 그를 형성하는 다양한 힘들을 엿보게 한다. 마찬가지로 늦게 꽃피운 진짜 오페라와 발레 사랑은 미학과 이국적 취향, 더 오래되고 다채롭고 (놀라운 얘기지만) 록보다 엔터테인먼트가 요구되는 것들에 몰입했음을 보여준다.

깊이 파고들지 않아도 머큐리의 가사와 창법에서 뮤직홀과 구식 다양성을 찾을 수 있다. 라이브 공연과 음반 모두에서 더 허세를 부리는 대목에서 더 확실히 느껴진다. 의상과 무대 매너, 다양한 인물상, 무엇보다 변태적인 것들을 대하는 과시적이고 의기양양한 태도에서 예전 서커스와 카니발과 오페라의 마법 같은 밤들이 연상된다. (큰 가짜 눈이 그려진 달라붙는 보디수트가 기억나는지? 서커스의 초현실주의 그 자체다.)

그게 말해주는 것은, 새틴과 시폰을 입고 손톱을 검게 칠했던 처음부터 프레디에게 이국적이고 다른 세상 같은 면모가 있었다는 점이다. 그 잔드라 로데스 의상! 70년대 초의 스톤스나 평가절하된 뉴욕 돌스외에 어느 록 그룹이 데뷔 초기에 그렇게 여성스런 차림으로 나섰을까? (흥미롭게도 프레디는 성 정체성을 인정하면서는 덜 기괴해졌다. 의상도 덜 요란하고 게이를 희화화한 표현 정도로 변했고, 마초 같은 콧수염, 가죽 옷, 드래그 퀸, 타이트한 검은 핫팬츠, '플래시' 티셔츠를 입었다. 하지만 늘 자조적인 유머감각이 있었다. 가죽 의상은 발레 슈즈와 양말만 아니면 딱 맞는 차림새였다. 다른 사람이 그러기 전에 자신의 요란한 차림을 야유해야 되는

것 같았다. 프로이트라면 이런 면모를 어떻게 해석했을까?)

런던의 앨버트 홀에서 프레디 머큐리를 기리는 사진전이 열렸다. (이후 봄베이, 쾰른, 몽트뢰, 티미쇼아라, 파리를 포함해 세계 여러 도시에서 순회 전시를 했다. 죽어서도 행사를 대충하는 법이 없다). 월더마 자누스작은 이런 글을 썼다. "천 일의 아라비안나이트에나 나올 수준의 환상을 옮겨 놓은 것, 그게 프레디의 업적이었다." 스스로 스타일을 만든 일개 엔터테이너에게 그것은 정말 큰일이었다. 그는 결국 마법의 주문을 엮어내고, 페르소나와 가면과 신화를 창조했고 환상곡을 작곡했다. "내 노래 여러 곡이 환상곡이다. 사실 그 곡들은 가벼운 동화다. 나는 별별 것들을 꿈꿀 수 있다. 바로 그런 세계에 살기 때문이다." 나중에 밝혀졌지만 프레디는 무대 안팎에서 환상을 실현하려는 의지를 가졌고, 더 중요한 것은 실현했다는 점이다.

마지막까지 그는 스포트라이트와 플래시 속에서 살았지만, 영혼을 고스란히 간직했고 어떤 일에도 존엄을 잃지 않았다. 끝까지 쇼맨, 환상을 만들어내는 사람, 카멜레온이었다. 마지막 커튼 콜까지 관객에게 도리를 다한 디바였고, 죽으면서도 자기 방식을 고수한 철저한 개인이었다.

전부는 아니어도 일부 업적은 프레디가 독특한 록 가수이자 아시아 공동체의 우상으로 꼽히는 사실 때문에 사후에 인정받았다.

예명처럼 '규정하기 힘들고 변덕스러운' 프레디 머큐리는 유일무이한 존재였고, 그가 없었다면 팝 세계는 이렇게 매력적이고 화려하지 않을 것이다. 확실한 것 하나는 다시는 그런 사람을 보지 못하리라는 점이다. 실물보다 큰 그의 동상은 스위스 호숫가만 지배하는 게 아니다. 퀸의 뮤지컬 「위 윌 락 유」가 공연되는 극장들은 매진사례를 거듭하고, 우리가 그를 잊는 것은 절대 불가능하다는 걸 안다.

Freddie Mercury

"위대한 연기자, 그게 바로 나야"

A life in Pictures

1946년 9월 5일 잔지바르 섬에서 태어나 생후 6개월 무렵 찍은 최초의 사진. 동네 사진사가 이 사진을 촬영하고 상을 받았고, 사진관 창에 자랑스럽게 전시했으니, 이때 처음으로 프레디가 대중에게 선보였다고 할 만하다.

"변화가 상당히 큰 성장 환경이었는데
그것이 오히려 내게 잘 맞았던 것 같아요."

잔지바르의 집 정원에서 생후 7개월인 파로크를 자랑
스럽게 보여주는 어머니 제르. 아버지 보미가 잔지바르
고등법원에서 출납원으로 근무한 시기에 가족은 행복
한 시간을 보냈다. 사진 속 어린 파로크는 늘 웃고 있다.
어머니는 아기 프레디가 카메라 앞에서 포즈 취하는 걸
좋아했다고 기억한다.

프레디를 네 살까지 보살핀 유모 사비나. 프레디와 낮
시간을 함께하고 밤이면 재웠다. 이것은 잔지바르에서
성장한 특권이었고 아버지의 지위 덕분에 가족은 하인
들의 시중에 익숙했다. 나중에 아들이 영국으로 가자고
설득했을 때, 어머니는 하인 없이 살아야 된다는 점을
지적했다.

8, 9세 무렵의 프레디. 여동생과 서인도제도 구제라
트의 불사르 마을 조부모 집에서 휴가 중에 찍었다.
고장 지명이 프레디의 일가의 성(姓)이었다(그 지역
출신들은 지명이 성씨인 경우가 많았다). 4년마다 아버
지 보미가 법원에서 6개월간 휴가를 받으면 불사라
가족은 불사르에서 긴 휴가를 보냈다.

잔지바르에서 네 살 생일을 맞은 프레디. 생일과
결혼 같은 특별한 날에는 전통적으로 기도 모자를
쓰고 화환을 걸고 사원에 가서 축복을 받았다.

네 살 생일에 축복받으러 '불의 사원'에 가는 길(조
로아스터교는 불을 숭배한다). 평소 가족은 택시를 타고
다녔지만, 어머니는 아들에게 전통적인 인력거 탑
승을 경험하게 해주고 싶었다.

프레디는 일곱 살에 잔지바르를 떠나 인
도 봄베이 인근 판치가니에 있는 세인트
피터 기숙학교에 입학했다. 영국계 사립
학교였고 여기서 프레디로 불리기 시작
했다. 학교에서 스타였고, 이 트로피는
'최고 우등상'이다. 어머니는 "공부도 스
포츠도 팔방미인이었지요. 뭐든 관심이
생기면 잘해냈어요."라고 회고한다.

세인트 피터 기숙학교에 다닐 때 스포츠 부문에서 메달을
많이 땄다. 운동회 날 높이뛰기 부문 2위 메달이다. 프레
디는 복싱도 잘했지만 어머니는 만류했다. "난 아들이 복
싱하는 게 마땅치 않았어요. 너무 거친 경기니까요."

메달에 불사조phoenix가 각인되어 있다. 프레디는 이 학교
엠블럼에서 착안해 퀸의 문장紋章을 디자인한 듯하다. 멤
버 각자의 12궁 별자리에 불사조의 머리와 날개가 합해
진, 바로 그 상징 말이다.

최초의 '자전거 경주'. 세인트 피터 기숙학교의 전교생은 자기 자전거를 가지고 있었다. 어머니 제르는 프레디가 이 학창 시절의 추억에서 〈바이시클 레이스Bicycle Race〉를 썼다고 믿는다.

배우에 주목하기를! 학창 시절 프레디의 또 다른 관심사는 드라마였다. 어머니는 말한다. "예술적인 건 뭐든 좋아했어요. 어느 날 드라마를 하고 싶어 했고 시도했지요. 포즈를 취할 기회라면 뭐든 했어요!"

밴드 헥틱스The Hectics, 그리고 역시나 중앙에 서서 미소 짓는 프레디. 앞머리를 한껏 세워 끌어올린 헤어스타일와 바지는 이후 공연 인생의 트레이드마크가 된 파격적인 무대를 암시하는 듯하다.

잔지바르에서 멀리 떠나온 탓에 자신 없고 연약한 상태로 입학했지만, 프레디가 자신감을 회복하기까지는 오래 걸리지 않았다. 1962년 세인트 피터 기숙학교 시절이 끝날 무렵 촬영한 이 사진에서 보여지듯이. 묘하게도 이후 프레디는 20년 후 「크레이지 리틀 씽 콜드 러브Crazy Little Thing Called Love」 투어 이전까지는 선글라스를 착용하지 않았다.

프레디는 세인트 피터 기숙학교에서 공부, 운동, 연극 등
다방면으로 활발히 활약하는 와중에 피아노 레슨도 받았
다. 실기와 이론 모두에서 4등급까지 올라갔고, 이것은 첫
밴드 헥틱스 활동으로 이어졌다. 키보드 앞에서 활짝 웃는
프레디를 보면, 그의 신나는 연주에서 '야단법석'이라는
뜻의 밴드 이름이 정해졌을 것이다.

1963년 잔지바르가 영국에서 독립하려 하자, 불사라 일가
는 이주를 결정했다. 영국에 가면 하인을 두지 못해 직접
'열심히 일'해야 될 거라고 어머니가 주의를 줬지만, 프레디
는 인도 아닌 영국행을 설득했다. 프레디의 고집이 이겨서
불사라 일가는 미들섹스의 펠트햄으로 이사했다. 빌린 펜
더 텔레캐스터 기타를 들고 지미 헨드릭스처럼 포즈를 취
한 프레디. 1968년 그의 침실에서 친구가 촬영했다.

1966년 프레디는 미술 과목에서 A-레벨[영국의 높은 수준의 대입 과정]을 마치고 이슬워스 폴리텍(전문학교)을 떠나 일링 아트 칼리지에 입학, 그래픽 일러스트레이션을 전공했다. 규율이 엄격한 기숙학교와는 완전히 다른 세계였지만, 그는 자유로운 대학 분위기에 쉽게 적응했다. 기숙학교 시절의 짧은 머리와 바지 스타일에서 더 캐주얼해진 모습으로 친구네 뒷마당에서 찍은 스냅 사진. 1969년 대학을 졸업한 해였다. 나중에 프레디는 말했다. "미술 학교는 더 패션을 의식하라고, 늘 한 걸음 앞서가라고 가르쳐 주었죠."

피터 타운센드와 론 우드 같은 동문들이 다닌 일링 아트 칼리지에서, 프레디가 음악계에서 커리어를 쌓을 가능성에 관심을 갖게 된 것은 놀랍지 않다. 졸업반 시절 첫 정식 밴드 아이벡스Ibex에 합류했다. 런던 웨스트 켄싱턴에서 밴드 멤버들과 느긋해 보이는 프레디.

1969년 8월 24일 퀸스 파크에서 밴드 아이벡스와 첫 라이브 공연을 한 사진. 이 시기에 '머큐리Mercury'로 개명했다. 원래 신들의 심부름꾼의 이름을 땄다고 알려졌지만, 나중에 가족들은 그의 수호성을 따른 것이라고 정정했다 [제우스의 메신저인 '헤르메스'의 영어식 이름이 '머큐리'다. 태양 가까이에서 자주 출몰하는 행성(수성)의 이름이기도 한데, 수성은 처녀자리의 수호성이다].

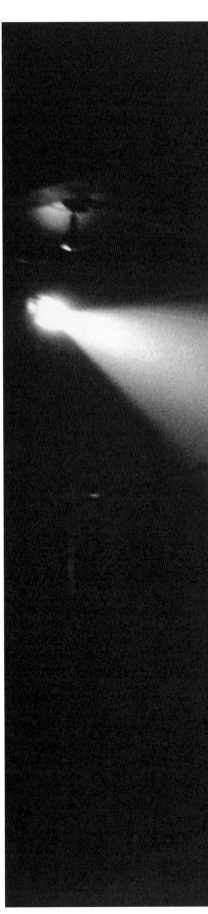

1972년은 퀸에게 획기적인 해였다. 런던 주변에서 닷새 가량 진행한 라이브 공연이 계기가 되어 EMI 레코드와 계약해 첫 앨범 작업을 시작했다. 그 공연에서 촬영한 프레디의 사진이 퀸의 첫 앨범의 표지가 되었다. 브라이언 메이는 이렇게 말한다. "첫 앨범 표지는 착착 진행됐지요. 뒷 표지는 프레디와 내가 덕(더글라스 퍼디폿)의 사진들을 모아 콜라주 작업을 했지만, 앞 표지는 여전히 고민 중이었어요. 그런데 어느 밤 사진들을 들춰보다가 문득 스포트라이트를 받은 프레디가 강렬한 이미지를 만든다는 걸 깨달았죠. 그를 오려서 (다리를 뚝 잘라서!) 스포트라이트 이미지가 등 쪽에 오게 그를 붙였어요(조금 줄여서). 그러자 갑자기 커버가 턱하니 나왔죠. 똑똑히 이렇게 생각한 기억이 납니다. '싱어로서 프레디가 우리의 얼굴이 되겠구나. 어디, 그를 그렇게 이용해보자!'"

퀸은 1970년에 결성했지만 묘하게도 3년 후에야 첫 사진 촬영을 했다. 켄싱턴 홀랜드 가에 있는 프레디의 아파트에서 촬영한 사진. 이후 수천 번의 촬영에 대한 워밍업이 된 역사적인 촬영에서 프레디.

"이 사람이 〈아이 원트 투 브레이크 프리〉에서
여장으로 공연하고…… 로열 발레단에 거꾸로 들려서
〈보헤미안 랩소디〉를 부르고…… 전 세계가 지켜보는 가운데
'라이브 에이드 쇼를 훔쳤다'는 찬사를 받은 장본인."

1973년 4월 9일 퀸은 런던의 유명한 클럽 마키The Marquee로 돌아왔다. 런던에서 임페리얼 칼리지와 더불어 밴드가 좋아했던 장소인 이곳에서 세 번째이자 마지막으로 공연했다. 이제 EMI와 계약을 했고, 음반사는 이 날짜를 음반 출시일로 잡았다. 3개월 후 첫 앨범 《퀸》은 30위에 올랐고, 퀸은 클럽을 벗어나 대학과 시청에서 연주하게 되었다. 이제 프레디는 이런 분장실을 사용하지 않았다!

"아주 짤막한 연주 후 존 앤터니(《퀸》의 공동 제작자. 사진 중앙)가 들어왔지요. 그는 사기를 높여주는 사람이었어요. 늘 곧 우리가 계약을 하고 대중 앞에 나설 거란 기대를 주었거든요. 실제로는 그러기까지 오래 걸렸지만요. 그 너저분한 분장실을 보존했으면 좋았을 걸…… 사실 마키의 화장실 통로였죠. 대단한 역사죠."
_브라이언 메이

(덧붙여서! 브라이언은 오른쪽 사람이 메리 오스틴이라고 믿는다.)

"우린 어이없을 정도로 미숙했지만 잠재력은 완전히 자신했어요. 난 그날 밤 우리가 별로 멋지게 해내지 못했다고 생각했는데, 연주 덕에 첫 계약을 따냈어요. 펠드만 뮤직과 악보 출간 계약을 했죠. 프레디는 의심하지 않았어요. 사진에서도 보이잖아요. 그는 이미 '위대한 신 머큐리!'였죠."
_브라이언 메이

"내가 좋아하는 우리 둘의 사진입니다. 우리 녹음실 벽에도 붙여 두었어요. (유일한!) 보컬 모니터 아래서 촬영했죠. 아래는 검은 형태로 처리했고요. 우린 어떤 시절이 올지 몰랐어요⋯⋯."
_브라이언 메이

프레디는 켄싱턴 마켓에서 산 뱀 모양 암밴드를 찼다. 브라이언 은 초기 잔드라 로데스의 의상을 입고 있고!

"최상을 바라며 최고를 향해 나아가기.
그게 내가 이 일을 해나가는 유일한 방법이에요."

"가끔 일어나는, 영감이 번뜩한 순간이었습니다."
1974년 사진작가 믹 록은 《퀸 II》의 표지용 사진을 촬영하던 중, 할리우드 사진작가 존 코발이 찍은 배우 마를렌 디트리히Marlene Dietrich의 사진을 프레디에게 보여주었다. "이 포즈는 디트리히의 사진에서 골랐지요. 허세부리는 느낌이 있었어요. 하지만 프레디에게 그 어휘는 무의미하고, 단지 '그런데 이거 멋진가?'만 중요했죠. 당시는 남녀 양성성의 시절이었고 프레디는 그걸 쭉 밀고 나갈 준비가 되어 있었어요."

"초창기에 무대 위의 퀸을 보면 그런 작은 공간에서 어떻게 그렇게 크게 자신들을 발산하는지 믿기지 않았어요. 프레디는 절대 내성적이지 않았고 대단히 표현력이 좋았습니다. 보위와 이기 팝 외에 누구에게도 그런 면을 본 적이 없었지요. 잔드라 로데스를 발견하기 직전의 프레디입니다!"
_믹 록

1974년 프레디는 좋아하는 바이바Biba 재킷을 입고 사진을 찍었다. "이걸 늘 입었고, 돈을 벌기 시작하자 잔드라 로데스를 입었죠. 화장에 무척 신경 써야 했어요. 입 모양[프레디는 입을 다물었을 때 아랫니 위로 윗니가 겹쳐지는 '피개교합'이었다]과 턱 모양을 굉장히 의식했거든요. 왜 앞니를 교정하지 않았냐고 물으니 그러면 목소리가 변할까 걱정이라고 대답했던 기억이 납니다."
_믹 록

"꼭 이유가 있어야 촬영하는 게 아니었어요. 난 카메라광이었고 프레디는 멋진 피사체였죠. 둘이 어울리곤 했고 프레디는 '내일 와서 몇 장 찍죠'라고 말하곤 했어요. 홀랜드 가의 집 거실에 있는 프레디입니다. 구제품 가게에서 산 기모노였어요. 당시 프레디는 돈이 없어서 시장이랑 구제품 가게 주위를 어슬렁거렸죠. 메이크업 담당인 실리아가 거울을 들어서 거리의 빛을 방 안으로 반사시켰어요. 그래서 빛이 눈에 지그재그로 비쳤지요." 믹 록과 1974년 촬영한 사진.

"1974년 3월 퀸이 런던의 클럽 레인보우에서 처음 연주할 때 찍은 사진입니다. 그들이 진짜 누구인지 아무도 제대로 몰랐죠. 첫 앨범은 그리 잘 되지 않았거든요. 그러다 《퀸 II》가 나왔고 8개월 후 레인보우로 돌아와 영국 투어를 마무리할 무렵에는 대단해졌지요. 그 앨범이 모든 걸 완전히 바꿨습니다."
_믹 록

위: 1974년 11월 런던 레인보우 씨어터Rainbow Theatre의 무대 뒤
왼쪽: 1974년 9월 4일, 런던 프림로즈 힐Primrose Hill에서 촬영

68

1974년 홀랜드 가의 아파트 침대에서 믹 록이 촬영한 프레디. 당시 그는 길 건너 켄싱턴에 있는 옷가게 '바이바'의 재킷을 무척 좋아했다. "메리가 주방에서 차를 준비했고 프레디는 계속 쉬는 시간을 가지면서 조니 미첼을 듣거나 리처드 대드의 책들을 봤지요. 거기서 《퀸 II》에 실린 '더 페어리 펠러스 매스터스트록The Fairy Fellers Masterstroke' 가사를 얻었죠. 우리 둘 다 정신 나간 허세덩어리들인 게 사진에서도 보이죠."

1975년 4월 퀸은 처음 일본을 방문해서 8일간 공연했다. 프레디에게 오랜 사랑이 시작되는 계기였다. 일본의 라이프 스타일과 문화에 흠뻑 빠진 것이다. 일본은 퀸에게 중요한 길을 여는 최초의 세계 시장 중 하나였고, 밴드가 자주 소개된 곳이었다. 밴드의 가장 열렬한 지지자로 꼽히는 잡지 『뮤직 라이프』는 이 첫 방문 때 퀸에게 올해의 베스트 앨범 상을 주었다.

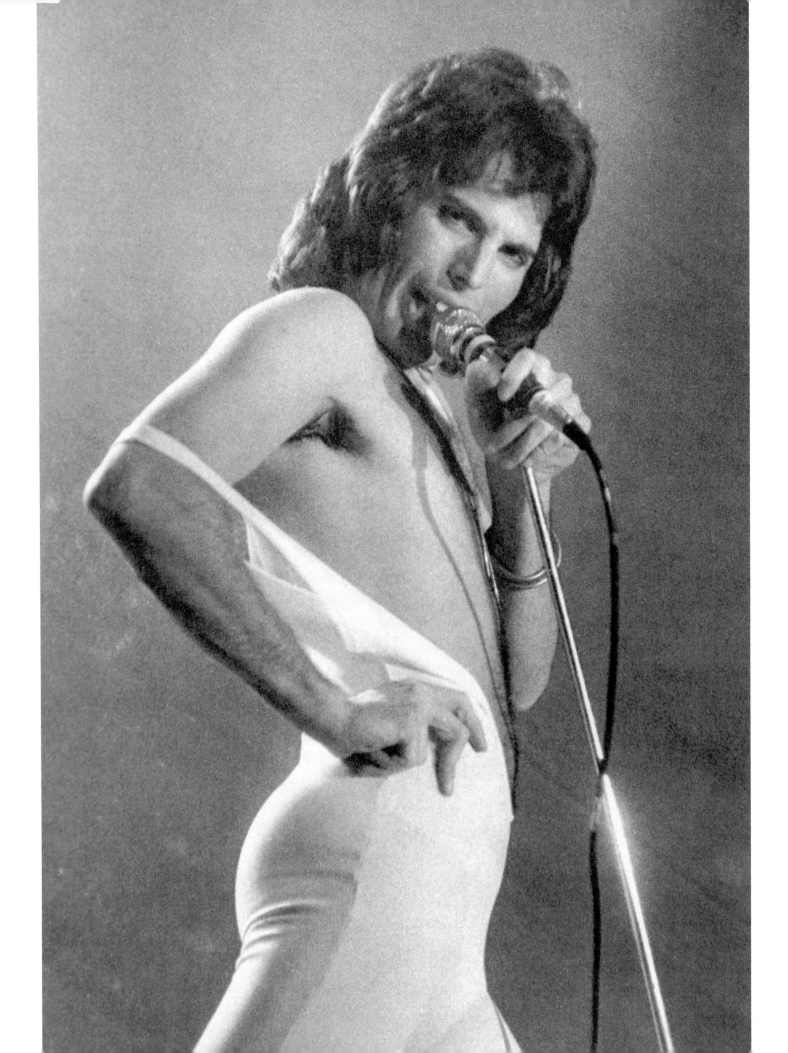

"누가 이 사진을 찍어서 내게 기증했는지 기억나지 않는데, 당시 내가 바빴겠지요! 가장 '황홀하게 매력적인' 프레디의 모습입니다."
_브라이언 메이의 개인 컬렉션 〈신들의 무릎에서〉 속에서. 1974년 경 무대 위의 프레디

그 해에 "퀸은 당당하고 위엄 있어야 됩니다. 우리는 매혹적이고 멋지기를 원합니다"라던 프레디의 공언이 구체화되기 시작했다. 4월에 《퀸 II》, 10월에 《쉬어 하트 어택Sheer Heart Attack》이 10위권에 들었고, 거의 반 년간 세계를 돌면서 오스트레일리아, 미국, 영국(두 차례)에서 공연했으며, 같은 기간에 첫 정식 투어로 유럽을 공략하기 시작했다. 아쉽게도 브라이언이 투어 도중 병에 걸려 쓰러지면서 영국 투어를 짧게 끝내야 했지만, 프레디는 낙천적이었다. "투어를 전부했으면 우리에게 조금 더 도움이 되겠지만 '기회를 잃었다' 같은 일은 없죠. 사람들은 멋졌고 우리가 가능한 빨리 다시 가기를 바라죠."

"프레디가 (퀸에게) 가져온 것은 음악과 대중 사이의 다리에 대한 인식이었다고 생각합니다. 그 시절에 쇼맨십은 더러운 말이었거든요. 그는 엄청난 재능과 대단한 깊이의 창의적인 에너지를 가졌죠. 그러니 선보일 준비를 마칠 지점까지 우리를 끌어간 사람이 프레디였다고 생각해요.《킬러 퀸》때, 이게 프레디의 진짜 가슴이에요! 언론은 늘 우리를 매도해서 프레디가 가슴에 가발을 붙인다고 생각하다가 어리둥절했죠. 프레디가 사진 촬영을 위해 가슴 면도를 했거든요! 이게 진짜입니다…….."
_브라이언 메이

"《퀸 II》와 《쉬어 하트 어택》 때는 할 일이 많았지만 공간이 넉넉지 않았어요. 이번에는 공간이 있죠. 기타 부분과 보컬에 예전과 다른 시도를 했습니다. 앨범을 마무리 지으려고 다리가 후들거릴 때까지 작업할 겁니다. 나는 목구멍이 너덜너덜해질 때까지 노래할 거예요." 《어 나이트 앳 디 오페라》를 녹음할 당시 프레디의 말. 1975년 릿지 팜FRidge Farm에서 브라이언 메이가 촬영했다. "내가 가장 좋아하는 프레디의 사진 중 하나입니다. 느긋하게 바이바 티셔츠를 입고 아찔한 속도로 작업했죠. 우린 가사를 쓰고 녹음하면서 이 앨범을 마무리했어요."

기모노를 입은 프레디. 1975년 퀸의 첫 일본 방문 시 촬영. 4월의 첫 방문 후 프레디는 말했다. "그곳에서 좋았어요. 라이프 스타일, 예술······ 할 수 있다면 내일이라도 또 가고 싶네요."

프레디와 퀸에게 역사적인 해의 말미에 촬영한 프레디. 1975년 런던 해머스미스 오데옹에서 이 사진을 찍기 이틀 전, 〈보헤미안 랩소디〉가 발매 9주 만에 첫 차트 1위에 올랐다. 딱 3주 후에는 《어 나이트 앳 디 오페라》가 앨범 차트 1위에 올랐다. 당시 프레디는 비평가들에게 자신과 밴드를 옹호했다. "〈보헤미안 랩소디〉를 때려대는 사람들이 많지만, 과연 무엇을 그 곡과 비교할 수 있습니까? 그런 오페라 같은 싱글을 만든 그룹 이름 하나만 대보시죠. 우린 〈보헤미안 랩소디〉가 있는 그대로 히트하리라 확신했습니다. 지금껏 타협들을 해야 했지만 노래를 짧게 줄이는 것은 타협 대상이 안 될 겁니다!"

퀸은 1975년 겨울 크리스마스이브에 런던 해머스미스 오데옹Hammersmith Odeon의 특별 크리스마스 콘서트로 영국 투어를 마무리했다. BBC 텔레비전과 라디오 원 방송이 BBC 2TV의 「디 올드 그레이 휘슬 테스트」의 특별판으로 전국에 생중계했다. 프레디는 퀸의 특별 크리스마스 방송이 전국에 중계된다는 사실에 무척 즐거워했다.

《어 나이트 앳 디 오페라》 영국 투어
에서 라이브. 1975년 겨울

오른쪽과 뒤페이지: 〈보헤미안 랩소
디〉는 퀸의 모든 것을 바꾸어 놓았다.
그들은 성장해서 스타디움 록 롤러코
스터가 되었다. 영국 외에 프레디가
뽐내고 공연하는 가장 큰 장은 미국
이었다. 점점 공연 무대가 커지면서
프레디 특유의 모습들이 나오기 시작
했다. 과장된 쇼맨십의 싹이 보였으
니, "더 크고, 더 낫게"가 모토가 되었
다. 프레디는 그 시기를 "우린 솟구치
는 파도를 타고 있죠"라고 봤고, (오른
쪽) 사진에서 그 감정이 고스란히 드
러난다. 1977년 2월 스프링필드 시빅
센터에서 퀸 리지 북미 투어 중 촬영.

"프레디는 신기술인 폴라로이드 인스턴트카메라로 재미있게 놀았지요. 친구들을 다 찍었고 인심 좋은 성격대로 대부분 사진을 찍힌 사람에게 줘 버렸어요! 이건 음향 체크 시간에 무대에서 촬영하는 프레디를 내가 찍은 겁니다."
_브라이언 메이. 1977년 1월

"우린 2년간 미국을 사로잡았습니다"라고 브라이언 메이는 회고한다. 1977년 대규모 투어가 두 차례 있었다. 「퀸 리지 투어」로 시작해 「뉴스 오브 더 월드 투어」로 끝난 해였다. 프레디에게 격렬한 시절이었다. 미국은 풍요의 땅이라는 명성 그대로였다. 정도가 심해서 그 해 퀸은 국외이주자가 되다시피 했다. 가수 애니 레녹스는 프레디의 이 시절을 록 역사의 획기적인 순간으로 본다. "내게 프레디는 사람들이 있는 힘껏 열심히 사는 것을 덜 두려워했던 시대를 대표해요. 70년대는 록의 방종이 극렬했던 시기였죠. 거기에 멋진 저항도 있었고. 로큰롤 정신을 온전히 드러내는, 록의 자유로움 말이죠."

스테레오 카메라 속의 프레디. "난 투어 때마다 스테레오
카메라를 갖고 다녔고, 이 기계로 무대 안팎에서 찍은 우
리 사진이 많습니다. 이 사진들은 '매직아이' 기법으로만
볼 수 있어요. 눈에 힘을 풀면 두 이미지가 하나가 되는
거죠. 물론 스테레오 뷰어를 쓰는 게 가장 좋겠죠, 당연
히, 3D 이미지고 아주 현실 같이 보이니까요."
_브라이언 메이

1978년 퀸의 북미 투어 중 프레디의 패션 변화가 시작
되었다. 시퀸과 보디수트 대신 가죽과 비닐을 입었고
머리는 몇 인치 짧아졌다.
프레디의 개인 비서이자 의상 담당자인 피터 프리스톤
은 말한다. "내가 일을 시작한 1979년 무렵에는 잔드
라 로데스 의상이 트렁크에 둘둘 말려 팽개쳐져 있었
어요. 내가 처음 구입해야 했던 의상은 빨간 비닐 바지
세 벌, 스케이트보드용 무릎 보호대, 레슬링 부츠였죠."

북미 투어, 1978.

"1979년 후반 「크레이지 투어」의 영국 공연 중에 프레디의 외모가 변하기
시작했습니다. 나는 여전히 기타 독주 사이에 그의 머리를 드라이해줘야 했
지만요. 그는 북미 투어 중에 이런 외모를 골랐어요. 콧수염으로 치아를 가릴
수 있었고, 모든 뉴요커가 티셔츠나 런닝셔츠로 편하게 입으니까 프레디도
똑같이 했죠. 가죽 반바지는 원래 긴 바지였는데 프레디가 싹둑 잘랐습니다."
_피터 프리스톤

"무대에서 건장한 노예 여섯 명이
날 옮겨주면 좋겠어요!"

1980년 여름과 가을 사이 퀸의 44일간의 미국 투어는 뉴욕 매디슨 스퀘어 가든의
네 차례 콘서트로 마무리되었다. 9월 30일의 마지막 콘서트 직전에 〈크레이지 리
틀 씽 콜드 러브〉가 차트 1위를 차지했고, 미국을 떠나고 나흘 후 〈어나더 원 바이
츠 더 더스트〉가 다시 1위에 올랐다. 프레디는 늘 뉴욕에 돌아가는 걸 좋아해서 한
동안 뉴욕이 제 2의 집이 될 정도였다. 58번가의 아파트도 매입했다. 뉴욕에서 프
레디는 더 '보통 사람'처럼 처신할 수 있다고 느꼈다.

"우린 대단히 경쟁적인 그룹이에요.
넷 다 출중한 작가들이지, 무임승차한 승객은 없어요."

"프레디는 아르헨티나에서 받은 관심을 아주 좋아했죠. 특히
지역 경찰들의 관심을요. 밴드는 늘 오토바이에 둘러싸였고
무장차량을 타고 몰래 연주장을 드나들 정도였으니까요. 그
모든 관심이 프레디에게 이야깃거리가 되었고 나중에 늘 대
화에 올랐지요. 결국 역사를 만들었던 겁니다."
_피터 프리스톤

말 그대로 '지구 전체'를 정복한 퀸은 1981년 남미
로 가서 최초의 대규모 록 투어를 진행했다. 대형 스
타디움 공연을 거듭하며 아르헨티나, 브라질, 베네
수엘라, 멕시코로 진격했다. 브라질 상파울루 모룸
비 스타디움Morumbi Stadium의 이틀 저녁 공연에 총
25만 명 이상이 모였다. 피터 프리스톤은 회고했다.
"프레디는 그런 규모의 청중을 본 적이 없었죠. 쇼
가 끝나고 몇 시간 지나서야 겨우 진정했어요."

밴드의 체류 기간 중 부에노스아이레스 헌병대의 철저한 경비
는 프레디에게 특혜였다. "처음으로 프레디가 호텔방에 갇혀
있지 않았거든요. 이 도시의 최대 장점은 집에서 멀리 와서도
쇼핑하러 갈 수 있다는 거였죠. 프레디는 쇼핑할 줄 아는 사람
이었고요. 도시를 돌면서 파리를 연상시키는 건축물과 정원들
을 구경하며 오랜 시간을 보낼 수 있었지요. 헌병대가 무서워
보일 수도 있었지만 대원들 대부분 밴드를 숭배했습니다."
_피터 프리스톤

1981년 남미 투어 중 무대에 오를 준비를 하는 프레디와 밴드.
프레디는 이 경험의 느낌을 이렇게 정리했다. "원래는 초대를
받아서 남미에 간 거예요. 그쪽에서 건장한 사내 넷이 멋진 음악
을 연주해 주길 바랐거든요. 그런데 이제는 대륙을 통째로 사서
날 대통령으로 임명하고 싶네요."

1981년 남미 투어의 무대 뒤. 흔치 않은 광경, 그러니까 프레디
가 기타를 치고 있다! "프레디가 기타를 잡는 일은 거의 없어요.
그는 잡을 수 있는 코드가 네 개뿐이었고, 그래서 기타 치는 것
을 별로 좋아하지 않았어요."
_피터 프리스톤

94

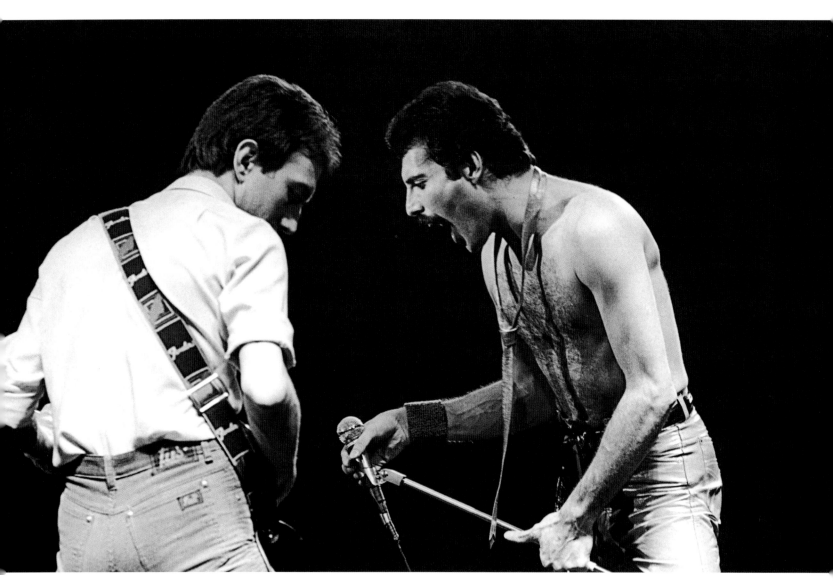

퀸의 남미 투어는 1981년 10월 중순 멕시코의 3회 공연으로 끝났다. 힘든 날들이 이어졌다. 국가 정치, 대통령(베탄쿠르)의 사망, 경험 없는 현지 스태프들이 압박감을 가중시켰다. 하지만 프레디와 밴드는 유머 감각을 잃지 않았다. 마지막 밤의 청중은 극도로 흥분해서 무대에 배터리, 돌멩이, 나사까지 던졌다. 개인 비서 피터 프리스톤의 기록 보관물 중 남아 있는 사진.

프레디와 로저, 멕시코에서 무대 뒤, 1981.

"프레디는 유명인들, 어떤 분야에서 능력이 뛰어난 명성 있는
사람들과 작업하는 걸 좋아했습니다. 그래서 1981년《히트곡
앨범》재킷을 위해 스노든 경[본명은 앤터니 암스트롱-존스. 영국 마
거릿 공주와 결혼했던 사진작가로 1대 스노든 백작] 앞에서 포즈를 취하
는 게 좋았죠. 그가 약간 긴장했다고 짐작되네요. 그래서 이렇
게 진지해 보이겠죠."
_피터 프리스톤

"1979년 레오타드[몸에 딱 붙는 타이츠]는 밀려났어요. 프레디는 북미에서 오래 지내면서 가죽의 영향을 무척 많이 받았습니다. 미국 랜드마크의 홀로그램 사진이 찍힌 비닐을 입기 시작했어요. 가죽 재킷, 티셔츠, 바이커 캡이 유니폼이 되었죠."
_피터 프리스톤. 1982년 퀸의 마지막 북미 투어에서 〈위 아 더 챔피언스〉를 부르는 프레디

아이러니하게도 1980년대의 패션은 게이 문화에 뿌리를 두었지만, 프레디의 새로운 모습은 오히려 남자다움이 강조되었다. 이전에 점프수트와 레오타드에 의구심을 가졌던 중미에서는 특히 그랬다.

80년대 초 부모님이 켄싱턴 아파트를 방문했을 때. 양친과 프레디, 세 사람의 사진은 드물다. 대부분의 가족 사진은 아버지 보미가 촬영했기 때문이다.

말년에 미디어의 관심이 쏠린 시기, 몽트뢰의 제네바 호숫가 덕 하우스는 프레디에게 천국이 되었다. 몽트뢰의 마운틴 스튜디오에서 퀸과 마지막 곡을 녹음할 때, 그는 이곳의 집에 머물며 마지막 곡 〈어 윈터스 테일〉을 썼다. 매일 즐기는 호수 너머의 숨 막히는 풍경과 휴식에서 얻는 평온을 그린 가사다.

"아침에 깨서 '맙소사,
오늘은 내가 프레디 머큐리가 아니면 좋겠군'
하고 생각하는 때가 있어요."

"난 가죽을 좋아해요.
검은 퓨마인 나를 상상하죠."

1982년 4월 퀸의 싱글《바디 랭귀지Body Language》를 위해 「핫 스페이스
투어」용으로 만든 '화살' 의상들은 온전한 컬렉션이 되었다. 이 화살 재
킷은 수백 개의 새틴 조각을 하나하나 덧붙여 바느질해 만들었다. 피터
프리스톤은 말한다. "프레디는 이 의상을 사랑했지만 그리 실용적이지
않았어요. 너무 무겁고 입으면 벗기가 어려워서 재빨리 의상을 바꿔 입
을 수가 없었죠. 결국 프레디는 착용을 중단했습니다."

1982년 북미 「핫 스페이스 투어」를 위해
프레디가 로스앤젤레스에서 제작한 '바
디 랭귀지' 화살 재킷. 프레디는 화살 의
상에 매료되어 여러 색상으로 여러 벌을
만들었다. 이 검정과 빨강 가죽 재킷을 무
척 좋아했다.

일본은 프레디가 투어하고 방문하고 싶은 나라였다. 특히 쇼핑 때
문이었는데, 그는 옻칠한 상자와 일본 미술품에 반했다. 평생 일본
문화와 예술을 높이 평가했고, 오랜 친구들도 있었다. 1982년 「핫
스페이스 투어」 중 같이 사진을 찍은 미사 와타나베는 그의 악보
출판업자였다.

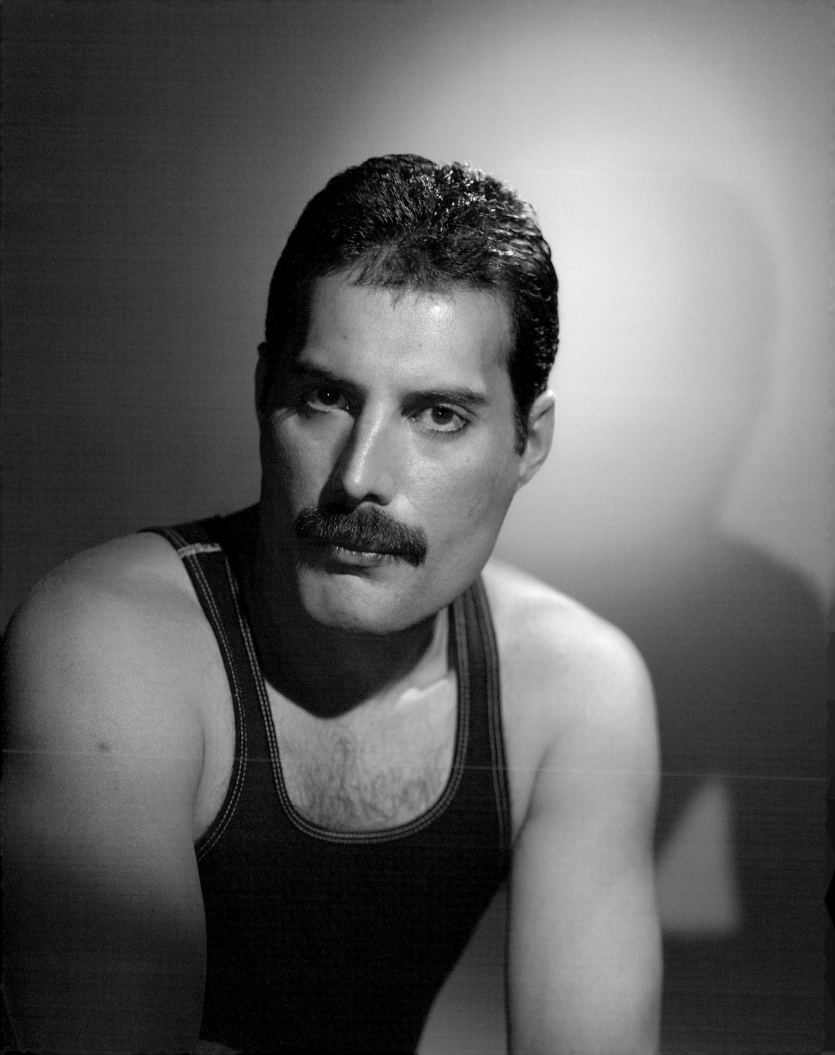

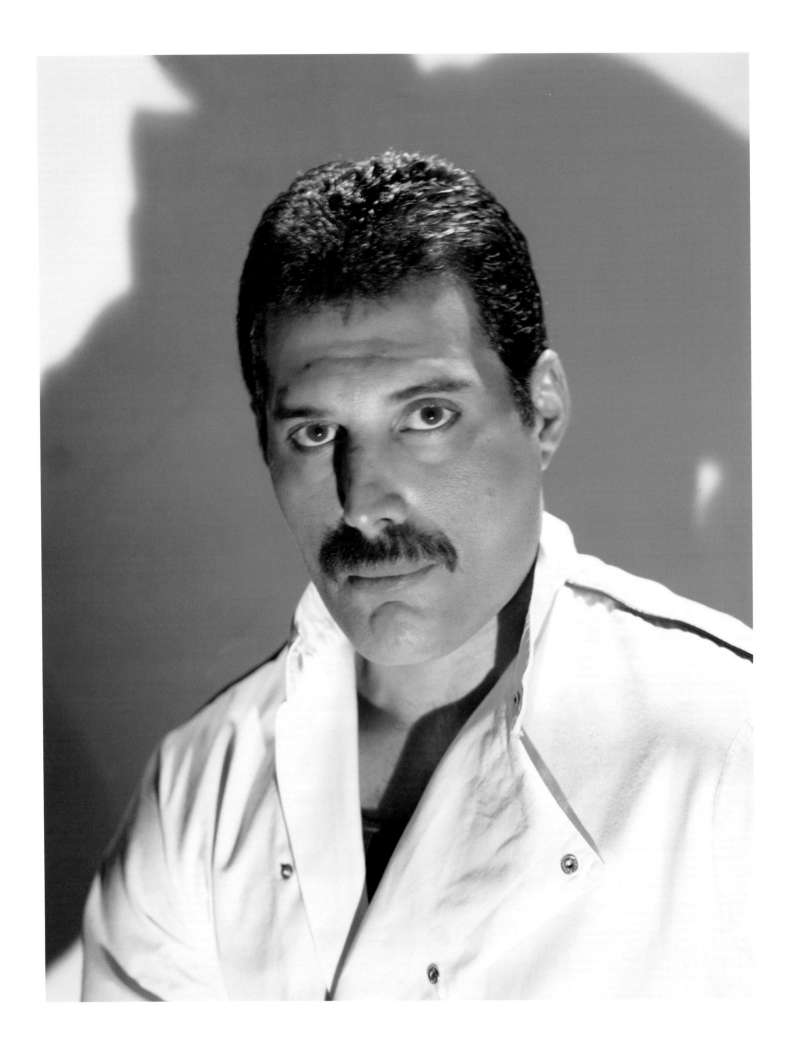

엘튼 존은 프레디와 절친했다. 그는 엘튼을 '샤론'이라고 다정하게 불렀다. (프레디는 친한 사람들을 별명으로 불렀다. 조수인 피터 프리스톤은 '피비', 지방공연 매니저 피터 힌스는 '래티', 매니저 짐 비치는 '실비아 라 플라지'였다. 오늘날까지도 많은 이들이 그 별명으로 기억되고 있다.) 프레디와 엘튼은 투어 스케줄이 달라 같은 시기에 같은 장소에 있기 어려웠는데, 드물게 한 번 만나 무대에 같이 선 적이 있었다. 1982년 후반 엘튼의 영국 투어 때 맨체스터 아폴로 시어터Apollo Theatre에서였다. 무대에서 프레디는 엘튼보다 튀고 싶지 않아서 재치 있게 엘튼의 군복 스타일 의상을 빌려 입고 피아노 앞에 같이 앉았다.

프레디는 자신의 우상인 마를렌 디트리히를 비롯한 수많은 최고 배우들과 작업한 할리우드 사진작가 조지 허렐George Hurrell의 사진에 무척 감탄했다. 그는 1983년 로스앤젤레스 스튜디오에서《더 워크스》재킷을 촬영할 때, 그 걸출한 작가 앞에서 포즈를 취했다. "프레디가 통제권을 갖지 않고도 즐거워하는 건 처음 봤습니다. 그날은 완전히 딴 사람이었죠. 가족사진을 찍는 아이 같더라고요. 프레디는 최고로 얌전히 처신했어요."

_피터 프리스톤

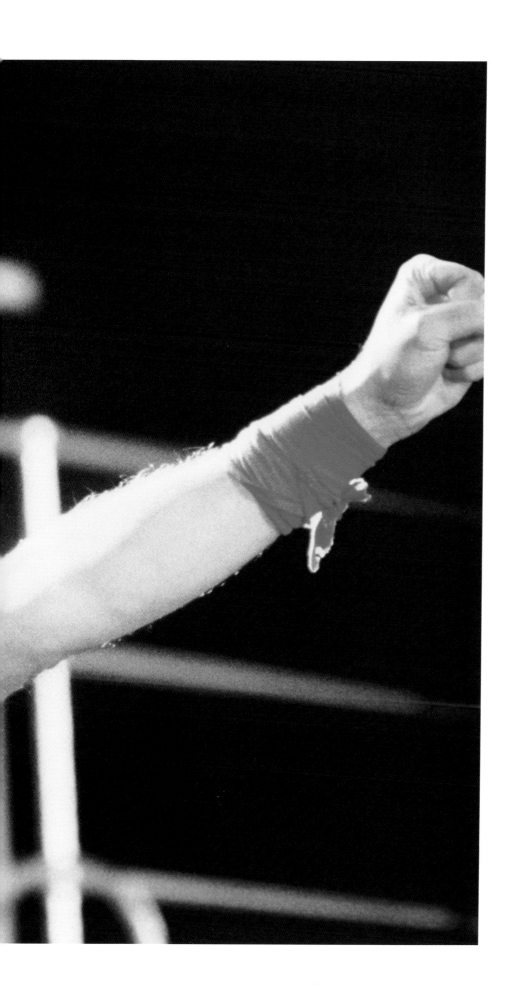

〈아이 원트 투 브레이크 프리〉가 퀸의
팬 일부의 외면을 받았다면, 몇 달 전인
1983년 11월에 제작한 〈라디오 가가〉의
비디오는 어느 곡보다 퀸의 팬들에게 큰
영향을 미쳤다. 프리츠 랑Fritz Lang[표현주
의 경향의 대중영화부터 아르누보까지 오가는 영화
감독]의 「메트로폴리스Metropolis」에서 영
감을 얻은 군중 박수 장면은 퀸 공연의 트
레이드마크가 되었고, 1985년 「라이브
에이드」에서 퀸이 연주할 때 가장 드라틱
한 쇼가 연출되었다. 청소기를 밀고 힐을
신은 모습과는 전혀 다른, 마초적인 빨간
가죽 바지와 크레이프 천을 감은 프레디.

"결국 모든 실수들과 모든 변명들은 나를 향하고
나는 책임을 전가할 수 없습니다."

〈아이 원트 투 브레이크 프리〉 비디오의 극적인
과장은 스타킹과 스커트 차림의 프레디, 로저, 브
라이언, 존에서 그치지 않았다. 대단히 도덕적인
사람들이 분개한 것은 로열 발레 단원들의 발레
섹션이었다. 뒤에서 타이츠 차림의 프레디가 나팔
을 부는 장면은 거의 미국 전체와 멀어지게 했다.
퀸은 다시는 미국 투어를 하지 않았다.

1984년 〈잇츠 어 하드 라이프It's A Hard Life〉 비디오를 위해 다이
애나 모슬리가 디자인한 이 의상은 '새우 의상'으로 알려졌다.
피트 프리스톤은 이렇게 말한다. "색상이 비단 찐 새우와 비슷
해서가 아니라 그를 큰 새우처럼 보이게 해서였지요. 특히 그 머
리. 로저와 존도 그리 달가워하지 않았어요. 비디오에서 그들이
서로 중얼대면서 못마땅하게 무대를 지나는 게 보입니다. 프레
디는 괴상해 보일 줄 알면서도 신경 쓰지 않았지요. 전반적으로
상식을 벗어나길 원했으니까요."

프레디의 가장 인상적인 비디오 등장인물인 〈아이 원트 투 브레이크 프리〉의 여장은 「코로네이션 스트리트[영국 TV 드라마]」의 벳 린치Bet Lynch를 따라한 것이었다. 그는 소파에 앉아 할리우드 흑백영화를 봤고 인기 있는 그 쇼를 자주 봤다고 한다. 재치 있게 청소기를 돌리는 것 외 인상적인 부분은 프레디의 화끈한 분홍색 귀고리다. "벳이 늘 요란한 귀고리를 했기에 프레디는 가장 화려한 귀고리를 찾아오라고 했죠. 립스틱이랑 색이 맞는 것도 보일 겁니다. 늘 완벽주의자죠, 프레디는." 그의 의상을 책임졌던 피터 프리스톤의 말이다.

투어를 2년 가까이 쉰 후 퀸은 1984년 「더 워크스 투어」로 돌아왔다. 공연은 여러 차례였어도 영국에서는 버밍엄과 런던, 두 도시만 방문했다. 〈라디오 가가〉 비디오에서 따라 했던 프리츠 랑의 「메트로폴리스」식 대형 무대를 만들었는데, 그것보다도 영국 공연은 프레디가 처음으로 〈아이 원트 투 브레이크 프리〉 가슴과 가발을 쓰고 무대에 선 것만으로 눈길을 끈다. 이것은 고국 영국에서 폭풍을 일으켰고 남미에서 다시 시도하자 폭동이 나다시피 했다.

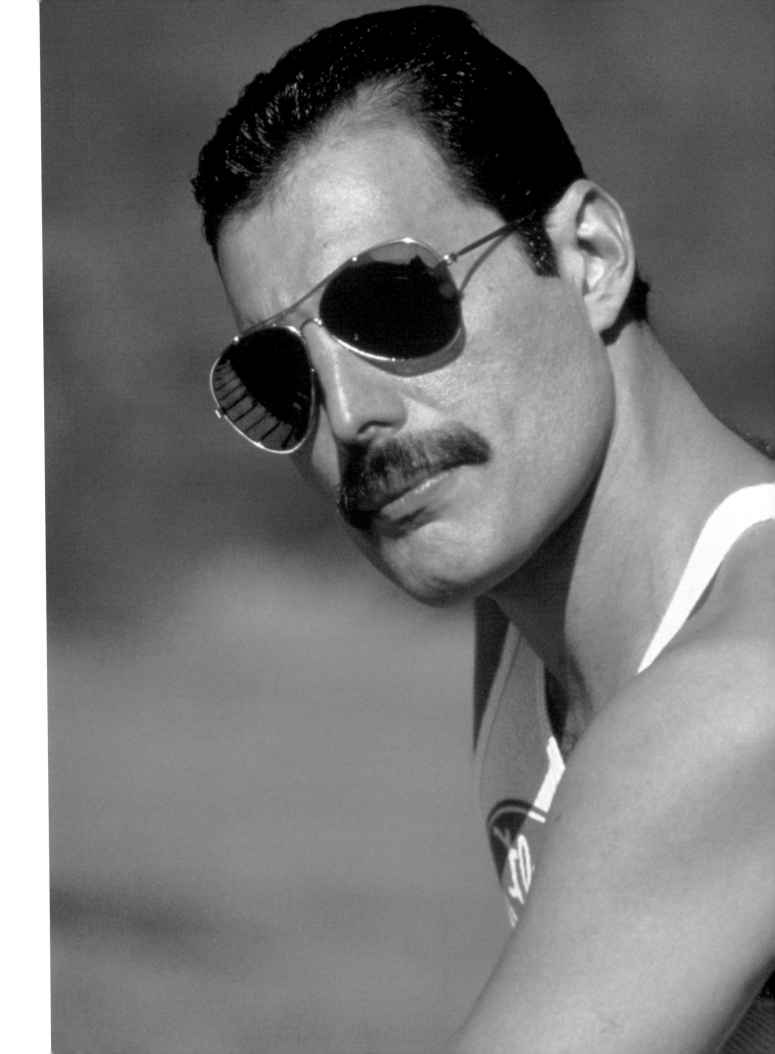

"난 사랑에 휘둘려요. 로맨틱하죠. 이 앨범의 수록곡들은 내 삶을 반영한 다고 생각해요. 다양한 분위기죠." 프 레디는 1984년 발매된 첫 솔로 앨범 《미스터 배드 가이》에 대해 이렇게 말했다. 앨범 재킷을 위해 분위기 있 게 찍은 사진.

프레디는 지면에 등장하는 걸 달가워 하지 않았지만, 1984년 6월 '다이아 몬드 정보 센터'를 홍보하는 《보그》 부록에 남성을 위한 다이아몬드를 소 개하는 다섯 명사 중 한 명으로 나섰 다. 프레디는 로저 도일이 디자인한 다이아몬드가 박힌 검은 알루미늄 커 프스단추와 카르티에의 금과 다이아 몬드로 만든 인장 반지를 선택했다. 나머지 명사는 가수 론 서튼, 데이비 드 에섹스, 플라시도 도밍고, 빌리 코 널리였다. 프레디는 이 티셔츠 위에 톰 도비의 다이아몬드와 스틸 스터드 를 착용한다.

남미에 세계 음악의 문을 열었던 퀸은 남미 최초의 록페스티
벌(록 인 리오)에서 처음과 마지막 무대로 당당하게 돌아왔다.
정상급 열두어 팀이 열흘 동안 공연했고, 마지막 밤 퀸의 공연
에 30만 명이 운집해 세계 기록을 깼다. 폭우와 전기 장비 사
용으로 인한 위험에도 프레디와 밴드는 대규모 관객의 히스테
리에 가까운 반응을 끌어냈다. 특히 새벽 4시 프레디가 브라질
국기를 걸치고 등장하자 분위기가 극에 달했다.

프레디는 1984년부터 1986년까지 뮌헨에 반해서 옷차림에서도 바바리아 지방색이 보이기 시작
했다. 1985년 뮤직랜드에서 찍은 사진에서 보이는 바바리아식 멜빵이 그 증거다. 이 사진을 찍을
때 뮌헨에서 프레디를 인터뷰한 데이비드 위그 기자는 말했다. "그는 바바리아의 라이프 스타일에
빠졌습니다. 내게 〈사운드 오브 뮤직〉을 불러주는 일만 하지 않았죠! 뮌헨의 나이트 라이프와 클럽
과 레스토랑을 좋아했어요. 활기를 주는 도시인 걸 알았죠. 친구들을 날아오게 해서 아파트에서 디
너파티를 여는 걸 즐겼어요. 녹음 중인 솔로 앨범에 들어갈 곡을 작곡하는 게 당시 즐거움 중 하나
였죠. 우린 몇 시간 동안 스튜디오에 있었고, 프레디는 피아노에 앉아 앨범에 실을 자작곡들을 연
주해 주었어요. 아주 활기차고 행복해 했어요. 촬영 중간에 진탕 마신 보드카 덕분이기도 하고!"

1980년대 중반쯤 프레디의 뉴욕 사랑이 시들었다. 뮌헨 때문이었다. 1984년 퀸이 뮤직랜드 스튜디오에서 《더 워크스》를 녹음하던 시기에 뮌헨을 알게 되었고, 이때 프레디의 인생에 새 장이 열렸다. 퀸이 짧은 휴식기를 가지는 사이 프레디는 새 친구들을 사귀고 첫 솔로 앨범 《미스터 배드 가이》를 만들기 시작했다. 결국 뮌헨은 프레디의 〈리빙 온 마이 오운Living On My Own〉을 비롯해 프레디와 퀸 모두의 히트곡을 탄생시키는 밑거름이 되었다.

1985년 독일 뮌헨 '미시즈 헨더슨스Mrs.Hendersons'에서 열린 프레디의 39세 생일 파티는 전설이 되었다. 프레디는 친한 친구들에게 여장을 시켜서 촬영하여 솔로 싱글 〈리빙 온 마이 오운〉의 비디오에 담았는데, 음반사가 반대해서 발표하지 못했다. 비디오의 풀버전이 공개된 것은 1993년 8월 트랙이 재발표되면서였다. 그날 저녁 사진들 중 점잖은 사진이다.

1985년 9월 5일 39세 생일 파티를 위한 '끝내주는 복장(dressed to kill)'

"내 안에서 목소리가 들리죠.
'속도를 줄여, 프레디. 녹초가 되어버리고 말겠어!'
하지만 멈출 수가 없어요!"

두 번째 솔로 싱글 〈아이 워즈 본 투 러브 유 I Was Born To Love You〉 비디오에서 프레디는 데이비드 맬릿 감독과 다시 작업했다. 프레디의 극도로 과장된 취향에 익숙하고 그것을 즐기는 인물이었다. 비디오는 극도로 단순하게 시작하지만(프레디가 매력적인 젊은 여배우에게 구애하는 시나리오) 곧 대혼란으로 빠져든다. 하이힐과 분홍 플라스틱 코르셋 차림의 아마존 댄서 천 명이 스튜디오 플로어에 등장하는 것이다. 당시 말단 제작 스태프의 표현으로는 "「필로우 토크 Pillow Talk [1959년 발표된 미국 코미디 영화]」와 「발퀴레의 기행 Ride of the Valkyries [바그너 오페라 '니벨룽겐의 반지' 2부 3막의 시작 부분]」의 만남!"

"딱 제때, 프레디가 눈에 띄게 지루해 하던 시점에
생긴 일이죠."
_피터 프리스톤

"처음에 프레디는 썩 내키지 않아 했어요. 하지만
밥 겔도프가 매일 전화해서 '그러지 마, 최고로 멋
진 사건이 될 거야'라고 달랬죠. 밥은 굉장히 설득
력이 있거든요. 그는 나를 닦달했고 로저를 닦달했
고…… 그래서 우리 둘이 프레디를 닦달했고, 프레
디는 어느 시점에서 '뭐 어찌됐든 알았어'라고 했
죠. 그래서 공연을 했는데, 그곳 전체가 폭발했어
요. 우린 어리둥절했고 좀 겸허해졌죠. 그 일로 고
무되어 녹음실로 돌아왔을 때 이전보다 훨씬 더 강
하게 우리 자신을 믿게 된 것 같아요."
_브라이언 메이

"프레디에게 완벽한 무대였지요. 세계에도."
_밥 겔도프

퀸이 「라이브 에이드」에 한 번 아닌 두 번 등장했다는 사실을 잊는 이들이 많다. 앞서 오후에 폭풍 같은 20분 간의 공연으로 쇼를 장악한 후, 프레디는 피날레 직전 브라이언 메이와 무대로 돌아와 〈이즈 디스 더 월드 위 크리에이티드 Is This The World We Created〉를 어쿠스틱 버전으로 공연했다. 프레디는 말했다. "「라이브 에이드」프로젝트 훨씬 전에 이 곡을 썼지만, 다들 이 행사에 어울린다고 봤습니다. 세계 어린이들의 불필요한 고통과 굶주림을 다룬 노래에요." 프레디는 인정했다. "텔레비전에서 수백만 명이 굶주리는 아프리카 장면을 차마 볼 수가 없어요. 때로 무력감을 느끼는데, 지금이 내가 제 몫을 할 수 있는 순간입니다."

위, 오른쪽, 이전 페이지 : 프레디의 발레와 오페라 취향과 코벤트 가든에 정기적으로 다닌 효과가 80년대 중반 그와 밴드의 비디오에 반영되었다. 특히 〈아이 원트 투 브레이크 프리〉와 〈잇츠 어 하드 라이프〉에 잘 드러난다. 하지만 가장 확실한 영향력은 1985년 6월 발표된 그의 세 번째 싱글 〈메이드 인 헤븐〉 비디오에서 나타났다. 런던 창고를 개조해 런던 오페라 하우스의 앞무대처럼 꾸몄다. 프레디는 두 발레 작품, 스트라빈스키의 「봄의 제전」과 단테의 「인페르노」를 참고했다. 다시 비디오 환상가인 데이비드 맬럿의 감독 하에 프레디와 대규모 출연진은 유독 고전적인 작업을 했다. '세상의 왕'으로 설정된 프레디는 지상 18미터 높이에 서서 현기증에 시달렸다. 데이비드 맬럿은 이렇게 회고한다. "나라면 그렇게 높이 올라가지 않을 테고, 장비 담당자들의 과반수도 안 올라갔을 겁니다. 결국 프레디가 거기 설 수 있도록 와이어로 올려야 했지요. 하지만 처음에 아이디어를 낸 사람이 프레디 본인이었거든요!"

1986년 퀸은 영화 「하이랜더High-lander」의 삽입곡 〈프린시스 오브 더 유니버스Princes of the Universe〉의 비디오를 촬영하면서 영화의 화면비율을 적용했다. 영화의 절정 장면을 연출하려고 런던 엘스트리 스튜디오의 가장 큰 사운드스테이지에서, 상대역으로 영화 주연인 크리스토프 램버트를 고용해 지붕 결투 장면을 재현했다. 피터 힌스는 회고한다. "두 사람은 잘 해냈지만 프레디는 그다지 인상 깊지는 않은 듯했습니다. 그에게 비디오 촬영일 중 하루, 아주 긴 하루에 불과했죠, 게다가 지겹게 추웠고…… 프레디가 너무 춥다고 불평한 기억이 납니다. 그는 늘 추위를 질색했어요."

전해에 「라이브 에이드」에서 장악했던 무대로 돌아온 프레디. 런던 웸블리 스타디움, 1986년 7월 중순 이틀간 공연. 이후 퀸의 「매직 투어」 영국 공연이 종료되었다(마지막 공연으로 넵워스 공연이 급히 추가되었지만). 「라이브 에이드」 복귀를 고대한 프레디에게 이 공연은 대단한 축하거리였다. 친구들이 뉴욕에서 날아왔고, 특별히 마련한 차편으로 손님들을 그의 자랑인 새 집 가든 롯지에서 웸블리로 데려왔다. 개인 비서인 피터 프리스톤은 말한다. "아주 긴 파티의 시작이었지요. 그날이 프레디의 인생에서 가장 행복한 날들 중 하루였음이 틀림없습니다."

뒤 페이지: "「매직 투어」가 밴드의 마지막 투어일 줄 아무도 예상하지 못했죠. 일이 술술 풀려서 우린 이미 다음 투어를 계획 중이었거든요. 「라이브 에이드」가 밴드를 완전히 되살려놨어요. 팬들과 밴드의 태도 둘 다 말이죠. 2차 웸블리 쇼 이후 마지막의 기미는 전혀 없었어요. 밴드는 켄싱턴 루프 가든으로 파티를 하러 갔고 (나체에 보디 페인팅을 한 엘리베이터 안내원들 때문에 유명해진 또 다른 파티) 분위기가 아주 좋았거든요." 퀸의 투어 매니저 게리 스티켈스.

1986년 7월 27일 퀸은 철의 장막 뒤에서 헝가리 부다페스트 최초의 야외 스타디움 록 콘서트로 새로운 지평을 열었다. 매진된 넵스타디온(인민 스타디움)에 8만 명이 운집했다. 입장표의 수요는 정원을 훨씬 초과한 25만 장 이상이었다.

한 달 후 퀸은 마지막 콘서트를 열었다. 투어의 압박으로 프레디의 지친 표정이 보이기 시작했다. 스타디움 콘서트 기록을 경신한 후 무대 뒤에서 그는 데이비드 위그 기자에게 말했다. "강한 의지를 가져야 살아남을 수 있어요. 늘 한 걸음 앞서 있어야 해요. 아주 빈틈없고 아주 강해야 됩니다. 아주 철면피가 되어야 되는데…… 대부분은 그러지 못하죠."

마지막 영국 투어 나날들이던 1986년 6월 5일 저녁, 아일랜드 더블린 슬레인 캐슬Slane Castle [록의 성지]에서 프레디는 무대 뒷 모습들을 찍었다. 퀸은 이후 뉴캐슬, 런던, 맨체스터, 그리고 8월 9일 넵위스 공원에서 마지막 공연이 예정되어 있었다. 프레디의 측근이자 친구로 투어에 동행하고 있던 사진작가 리차드 영은 프레디가 그날 특별히 장난기가 가득했다고 회상한다. "프레디는 그의 트레일러[야외 공연장의 대기실] 바깥에 앉아 있었는데 개구쟁이 같았어요. 제가 '프레디, 왕관은 어디다 뒀어?' 하고 묻자 곧장 트레일러로 들어가 머리에 척 쓰더라고요. 저 미소가 그날 그의 기분을 그대로 보여주네요."

1986년 9월 〈후 원츠 투 리브 포에버Who
Wants To Live Forever〉 비디오. "내가 일흔
까지 살고 싶은 열망이 없는 것은 확실
해…… 지루할 거야."

마지막 인사. 프레디는 「매직투어」의 마지막인
1986년 8월 9일 넵위스 공연을 마지막으로 무
대에 오르지 않았다. "마흔두 살의 남자가 더 이
상 레오타드를 입고 뛰어다니면 안 되죠. 별로
안 어울려요." 프레디는 힘든 투어 스케줄에 필
요한 기운을 잃고 있는 걸 알았을 것이다.

"난 계속 얼쩡대는
늙다리 이류는 되지 않을 겁니다.
차라리 정상에서 떠나고 싶어요."

사진작가 리처드 그레이는 밴드의 음향 타워에 갇혀 열 시간이나 기다린 끝에, 무대에서 프레디가 마지막으로 왕관을 들어 올린 최후의 순간을 포착했다.

"최대 규모였던 「매직 투어」의 마지막에 프레디가 '더는 하고 싶지 않아'라고 말하더군요. 늘 매사에 나서고 무척 강인하고 낙관적인 사람인데 프레디답지 않았죠. 그가 더 이상 하고 싶지 않다는 사실을 명확히 밝힌 게 색달랐어요. 우린 이 단계가 지나갈 거라거나, 뭔가 문제가 있다고 생각했어요. 머릿속으로 그런 생각을 한 기억이 나지만, 그런 생각은 밀어내기 마련이죠."
_브라이언 메이

1986년 말 프레디는 퀸 팬클럽에 크리스마스 편지를 썼다. "투어는 재미있고 대단히 성공적이었어요. 투어를 하자고 다들 날 달래야 했다는 건 인정해야겠지만. 이제 보니 하길 잘했다 싶네요. 밴드는 1987년 초에 나올 부다페스트 라이브쇼 비디오를 작업 중입니다. 난 솔로 프로젝트를 진행 중이고요(워낙 비밀스러워서 나도 정확히 몰라요……). 잘 지내요. 큰 사랑을 담아……."

뮌헨에서의 39세 생일 파티와 전혀 다른 광경. 런던 자택 가든 롯지에서 열린 40세 생일 파티는 들뜬 행사였고 멋진 가든 파티였다. 1986년 9월 촬영한 사진에 손님들의 다양한 모자가 보인다. 피터 프리스톤, 짐 허튼, 조 파넬리, 짐과 클라우디아 비치, 매리 오스틴, 피터 스타커가 참석했다. 프레디는 자주 이들을 "진짜 매력적인 내 사랑들"이라고 불렀다.

1986년 「매직 투어」 중 도쿄에서 시간을 내서 쇼핑했다. 언론은 프레디가 일본에서 그런 나들이에 백만 파운드를 썼다고 주장했다.

"난 섹스를 중단하고 튤립을 키우기 시작했어요.
이전의 삶이 그립진 않네요"

"파라오들이랑 똑같이 내 보물들과 묻히고 싶어요.
형편만 되면 켄싱턴에 피라미드를 갖고 싶고요."

사진작가 피터 힌스가 1987년 〈더 그레이트 프리
텐더〉 비디오에 쓸 실물 크기 입간판용으로 촬영
한 사진. 어느 밤 프레디는 힌스에게 전화해 개인
적으로 촬영하고 싶어서 찾아가는 중이라고 말했
다. 그게 이 촬영의 계기였다. 프레디는 친구인 조
파넬리와 운전기사를 대동하고 이 망토와 왕관을
들고 나타나서 말했다. "난 재미난 걸 원해요. 내
가 이 여왕 역할을 한 시기를 보여주는 사진이면
좋겠어요." 이 이미지는 〈더 그레이트 프리텐더〉
비디오뿐 아니라 나중에 「프레디 머큐리 사진 전
시회」의 포스터 이미지로도 사용되었다.

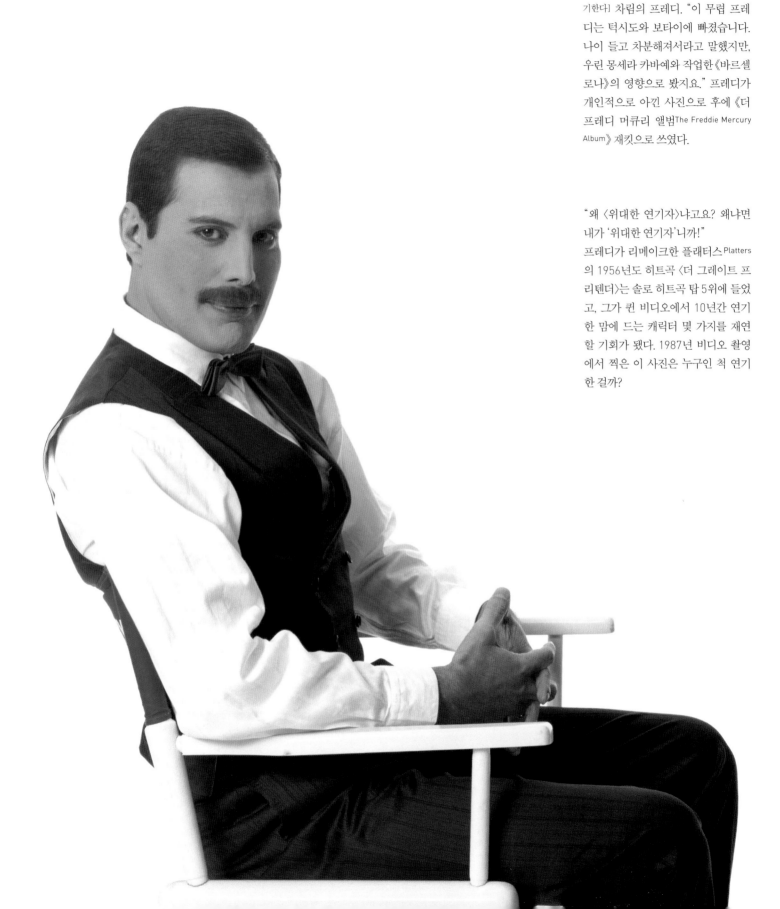

1986년 피터 힌스가 촬영한 스누커[당구 게임. 선수들이 보타이와 조끼 차림으로 경기한다] 차림의 프레디. "이 무렵 프레디는 턱시도와 보타이에 빠졌습니다. 나이 들고 차분해져서라고 말했지만, 우린 몽세라 카바예와 작업한《바르셀로나》의 영향으로 봤지요." 프레디가 개인적으로 아낀 사진으로 후에《더 프레디 머큐리 앨범The Freddie Mercury Album》재킷으로 쓰였다.

"왜〈위대한 연기자〉냐고요? 왜냐면 내가 '위대한 연기자'니까!" 프레디가 리메이크한 플래터스Platters의 1956년도 히트곡〈더 그레이트 프리텐더〉는 솔로 히트곡 탑 5위에 들었고, 그가 퀸 비디오에서 10년간 연기한 맘에 드는 캐릭터 몇 가지를 재연할 기회가 됐다. 1987년 비디오 촬영에서 찍은 이 사진은 누구인 척 연기한 걸까?

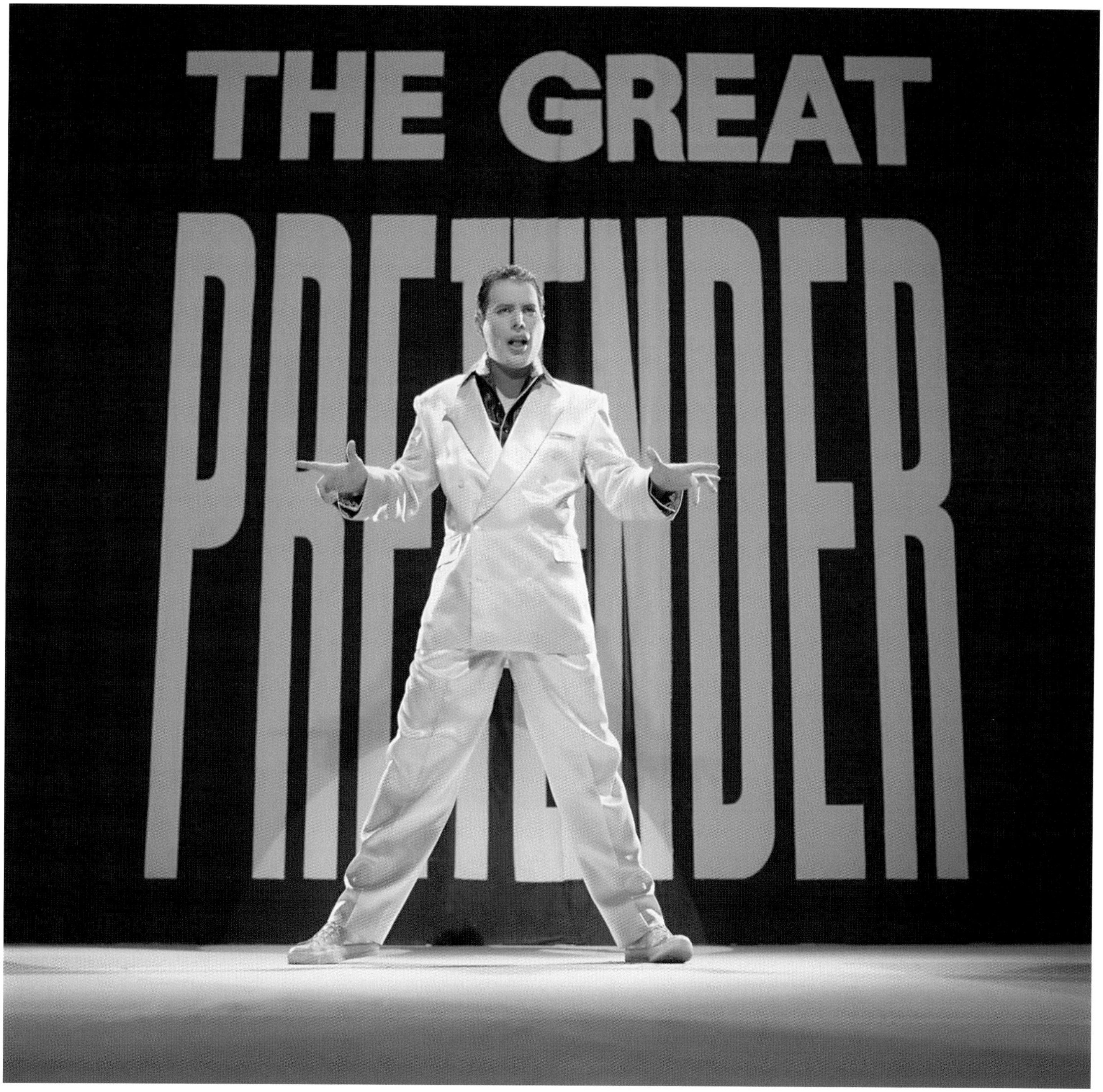

"'위대한 연기자'는 내가 하는 일에
딱 맞는 타이틀이라고 생각합니다."

번쩍이는 분홍색 양복 차림의 프레디. 〈바르셀로나〉비디오에서 입은 청색 턱시도를 비롯해 여러 벌을 만든 데이비드 체임버스가 〈더 그레이트 프리텐더〉비디오를 위해 디자인했다. 원래 체임버스가 프레디에게 입히려던 색상은 분홍색이 아니었다. 사진작가 피터 힌스에 의하면, 프레디가 처음 의상을 입어보고 안감 색깔을 좋아해서 안감 천으로 다시 만들었다고 한다.

프레디 말고는 그 누구도, 로저 테일러를 설득해서 〈아이 원트 투 브레이크 프리〉비디오의 여장을 재연시키지 못했을 것이다. 여기 1987년 〈더 그레이트 프리텐더〉비디오의 코러스 가수가 증거다. 왼쪽은 프레디. 가운데 묘령의 '여인'은 프레디의 친구인 배우 피터 스트레이커.

1986년 7월 스페인에서 텔레비전 인터뷰 중 프레디는 오페라, 특히 몽세라 카바예를 사랑한다고 말했다. 이 말이 결실을 맺었다. 9개월 후 프레디는 몽세라와 〈바르셀로나〉를 녹음했고, 이 곡은 전 세계의 앤섬이 되었다. 1987년 여름 두 사람은 파인우드 스튜디오의 최대 규모 무대에서 올림픽 규모의 비디오를 촬영했다.

몽세라 카바예는 말한다. "〈바르셀로나〉는 프레디의 대단한 음악 재능을 보여준 예였지요. 그는 인기가수일 뿐 아니라, 날 위해 피아노 앞에 앉아 작곡할 수 있는 음악가였어요. 그는 음악을 화합시킬 새로운 방식을 발견했습니다. 이 일을 한 최초이자 유일한 사람이었죠."
1987년 〈바르셀로나〉 비디오 촬영 중 찍은 이 사진을 어머니 제르가 무척 좋아한다.

《바르셀로나》의 녹음을 시작한 1987년 4월부터 남은 생애 동안 프레디와 오페라 디바 몽세라 카바예는 특별한 우정을 나누었다. 앨범을 위해 촬영하면서 찍은 이 따뜻한 사진에 그녀를 향한 애정이 묻어난다.

1991년 2월 퀸이 〈아임 고잉 슬라이틀리 매드〉 비디오를 촬영할 무렵, 프레디의 병색이 겉보기에도 완연해졌다. 그는 요란한 가발과 짙은 흰 화장, 무성 영화와 마임 아티스트들에게 영감을 받은 콘셉트의 흑백 화면으로 위장하려 했다. 당시 프레디는 마지막 촬영임을 예감했다.

1991년 5월 만든 〈디즈 아 더 데이즈 오브 아우어 라이브스 These Are The Days of Our Lives〉가 프레디가 등장하는 마지막 비디오였다. 외모뿐 아니라 그가 내내 가만히 서 있다는 사실이 건강 악화를 보여준다. 피터 프리스톤은 이즈음 프레디는 걷기조차 고통스러워 했다고 회고한다. 건강이 극도로 악화된 시기에 오직 리처드 그레이만 그의 사진을 찍을 수 있었다. 밴드의 아트 디렉터인 그레이가 비디오 촬영 중 찍은 사진.

프레디가 가장 아끼는 조끼를 입고 있다. 친구의 선물인데, 프레디의 여섯 마리 고양이를 그려서 만든 것이다. 이것이 프레디를 찍은 마지막 샷이다.

지미 헨드릭스

록 허드슨

프레디의 여동생, 카시

일링 아트 칼리지에서 프레디의 작업 ↑↓

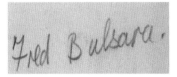

I was Born to Love You
With every single beat of my H...
I was Born to take care of...
Every single day of my life.

You were Made for me...
I had ...they... for you...
It was a matter of ti...
There was a place in ti...

I had the same old...

Born Born B...
E5   D7
A♭   C...
C+   B♭+   C...
      E♭

You could dance...
I would kill...

I wanna have...
I Love every...
I wanna have...
Born to Love...

Live Kills to the bone
Love drills your heart
Love chills you to the bone —

When love becomes the...

FRED PARADISE FOR MAN
             sonata?

F A C | B♭ F
F A C | B♭ F   } ×2
F A C |
C A C | B♭ C
— | B♭
G | B♭   Em/F F...
| B♭ ...
D D♭ C D
| G♭ D F G |
| G? G...
f# A F# |
| E♭ E C# } ×2
| G♭ G...

More to Life Than This

Cope
Without Love,
Those Broken Hearts
to those Crying Faces —

Be More to Life than thinking...
Be More than Meets the Eye
And Hope
Peace of Mind — to Life
Must Be More than This

Lord So full of Hate

There is no square deal
Love don't give no justification
Love it strikes like a cold steel
Love Kills...
Play with your emotion
its an open invitation
to your heart (Kills 2)

4 Living Partime
1 Burning Your lifetime
4 Gives You
4 It

Love don't give no comparison
Love don't pay no bills
Love don't give no indication
(Love just won't) Stand Still

Love Kills —
Drills you thru your heart
Love kills
Scars you from the start
its just a living pastime
Ruining your heartline
Stay for a lifetime
It just won't let go —
(Curse) Love
won't leave you alone

Everybody K...
Everybody...
Everybody...

...is taking tension
...people on the move
...problem fast —

Everyday you wear
a different face —
to make a living for the
rest of Your life

Man Made Pa Ra Dise
f#   A♭m... E♭
...   E♭ D   E♭

You think you couldn't get higher
(it's squeezing you deeper now)
We're caught in the crossfire
...just won't let you...
Love won't leave you...

You're the one for me
I am the man for you
You were made for me
You're my extacy
If I was given every opportunity
I would kill for your love

28 days left.
Love is Dangerous
Made in Heaven   6 days Mixing
Let's turn it on   Block I
Living on my own
Foolin Around

There must be more to life R   22 days left
Mr. Bad Guy   6 days
Your kind of Lover   Block II
Man Made Paradise

no TRK(s) Love Making Love Time R   18 days left
           Stop all the fighting R   Mix Block II 5 days
           Love me like T/one   13 days left

Block IV 14 days
         — 1 left
Editing 1 days
         — 2 days off

Only
...e the One for me
...e the Man for You
...were made for me
My Extacy —
If I was given Every Opport...
I'd kill for Your lov...
So Take a Chance with...
Let me Romance with...
I'm Just Caught in a...
dream and my dream...
time.
had to believ...
...is fee...

you just — fooling around
fooling — you keep fooling
...ing — fooling fool...

love kills
it just freezes you in time

F F A C
F F A C   B♭ F
F F A C   B♭ C
C C♭ | G...
B♭

PICTURE CREDITS

옮긴이 공경희

서울대학교 영어영문학과를 졸업하고 전문번역가로 활동하고 있다. 성균관대학교 번역대학원 겸임교수를 역임했으며, 서울여자대학교 영어영문학과 대학원에서 강의했다. 《호밀밭의 파수꾼》, 《모리와 함께한 화요일》, 《매디슨 카운티의 다리》, 《파이 이야기》, 《우리는 사랑일까》, 《행복한 사람, 타샤 튜더》 등 다수의 베스트셀러를 우리말로 옮겼다.

프레디 머큐리

보 헤 미 안   랩 소 디 를   외 친   퀸 의   심 장 을   엿 보 다

초판 1쇄   2019년 2월 4일
초판 3쇄   2019년 3월 31일

지은이   리차드 그레이, 숀 오헤건, 그렉 브룩스, 필 사임스
옮긴이   공경희

펴낸곳   미르북컴퍼니
전화   02-3141-4421
팩스   02-3141-4428
등록   2012년 3월 16일(제313-2012-81호)
주소   서울시 마포구 성미산로32길 12, 2층 (우 03983)
전자우편   sanhonjinju@naver.com
카페   cafe.naver.com/mirbookcompany

ISBN 979-11-89660-42-0   03680